Wehner — Neues aus Okazaki

Frank Wehner

Neues aus Okazaki

Tagebuch eines Forschers und Reisenden in Japan

Königshausen & Neumann

Bibliografische Information der Deutschen Bibliothek

Die Deutsche Bibliothek verzeichnet diese Publikation in der Deutschen Nationalbibliografie; detaillierte bibliografische Daten sind im Internet über <http://dnb.ddb.de> abrufbar.

Gedruckt auf säurefreiem, alterungsbeständigem Papier
Umschlag: skh-softics / coverart
Umschlagabbildungen: Dr. F. Wehner und M. Wilkesmann
Bindung: Buchbinderei Diehl+Co. GmbH, Wiesbaden

Printed in Germany
ISBN 978-3-8260-3978-2
www.koenigshausen-neumann.de
www.buchhandel.de
www.buchkatalog.de

Vorwort

Japan, was für ein fremdes, faszinierendes Land! Viel mehr wußte ich allerdings nicht darüber, außer daß ich *sushi* und *sashimi* liebe, für mein Leben gerne *samurai*-Filme schaue und eine japanische Spiegelreflex-Kamera der digitalen Profiklasse mein eigen nenne – die ich fast so sehr schätze wie meine Ehefrau.

Aber was hat es wirklich mit diesem ach so fernen Japan auf sich? Nun, nach meiner allgemeinen Überzeugung lernt man Land und Leute am besten kennen, wenn man die Möglichkeit hat, in die Arbeitswelt einzutauchen, den Alltag der Menschen und die Orte ihres Schaffens zu erfahren. Und tatsächlich durfte ich gleich dreimal als Forscher nach Japan reisen – insgesamt wohl acht Monate war ich dort – um dabei das fernöstliche Pendant zu meinem eigenen Labor (am Dortmunder Max-Planck-Institut) kennenzulernen. Immer besucht von meiner lieben Frau, die mir so das Gefühl ehelicher Geborgenheit aufrechterhielt und deren Liebe zu Japan außerdem – wie die meine – in stetigem Wachstum begriffen ist.

Natürlich haben wir auch viele Orte in Japan bereist, stets das Angenehme mit dem Nützlichen verbinden können. Und der vorliegende Band legt Zeugnis ab von unseren Erlebnissen und Erfahrungen, den vielen verrückten Situationen, in die wir geraten sind und aus denen uns unsere japanischen Freunde – zumeist mit einem Lächeln – wieder herausgeholfen haben.

Aber dieses Buch soll auch informieren, über die Eigenheiten des Landes und seiner Bewohner ebenso wie über seinen Reichtum und seine Schönheit. Und dies möge es in amüsanter Weise tun – so hoffe ich jedenfalls!

Prof. Dr. Frank Wehner
Dortmund, im April 2008

für Daniela

Inhalt

Anreise	11
die ersten Tage	22
der Beginn der Messungen	33
das chinesische Restaurant	41
die Putz-Brigade	45
Danielas Ankunft	47
Takayama und Shirakawago	53
die Sushi-Bar	65
das Okazaki Matsuri	69
das Gion Matsuri von Kyôto	75
die Tempel von Miyajima	82
das Tai Matsuri von Minamichita	86
Hakone	91
Tôkyô	99
Nikko	112
die letzten Tage in Okazaki	120
Ishigaki	124
die Heimreise	133
Danksagung	138
Glossar	139
Landkarte	144

Anreise

Seit dem Start in Frankfurt waren jetzt etwa drei Stunden vergangen und ich war tatsächlich zum dritten Mal auf dem Wege nach Japan. Elfeinhalb Stunden wurden für den Flug nach *Nagoya* veranschlagt – aber schon jetzt fühlte ich mich wie gerädert. Bis auf wenige Ausnahmen war der gesamte Flieger mit Japanern besetzt, kaum ein Wort war zu vernehmen, nur hier und da das leise Rascheln einer Zeitung. Wie man es von diesem disziplinierten Volk auch nicht anders erwarten würde. Allerdings hatte die Vorliebe der Japaner bezüglich der Deutschen Lufthansa für Normalgewachsene wie mich die schmerzhafte Konsequenz, daß die Abstände zwischen den Sitzen der „Economy-Class“ bis an die Grenze des Erträglichen zurückgeschraubt waren – und ich konnte mich kaum mehr bewegen, fühlte mich völlig eingekeilt. Mit den Jahren ist diese Tortur immer unerträglicher geworden, das muß ich leider sagen.

Die freundlichen Stewardessen hatten gerade das Menü für die Speisefolge auf unserem Flug verteilt und was einem da auf teurem Papier gedruckt ins Auge stach, mutete an wie die Karte eines Sterne-Restaurants, ließ dem unbedarften Reisenden das Wasser im Munde zusammenlaufen. Allerdings fiel unsereins auf Formulierungen wie „Hähnchen *teriyaki*“ oder „Zwischengang *sushi*“ erst gar nicht mehr herein – zu oft hatte mich die Qualität der letztlich aufgetragenen Speisen in tiefe Depression gestürzt. So hätte es mir auch diesmal ergehen können, denn das Fleischgericht wäre ohne die Ausführungen der routinierten Werbetexter verdientermaßen in seiner Anonymität verblieben. Und das, was als *sushi* klassifiziert wurde, entpuppte sich schließlich als rein vegetarische *maki*, zwei armselige Reis-Röllchen, von Seetang umgeben und mit einem winzigen Stück Gurke gespickt. Und so etwas mir als erklärtem Liebhaber der japanischen Küche!

Einzig der Silvaner aus Rheinhessen war erträglich und nach dem zweiten Glas wurde ich von einer wohligen Müdigkeit erfüllt. Ich mußte an meine erste Reise nach Japan zurückdenken, nunmehr vier Jahre her, und an all die Vorstellungen, die ich seinerzeit von diesem Land gehabt hatte. Und an die vielen Erfahrungen, die ich dann letztlich machen konnte, oft meilenweit von meinen Erwartungen entfernt. Natürlich hatte man sich vorher belesen, hatte viele Reiseführer gewälzt – und Japanisch-Kurse belegt, an der Volkshochschule zu Dortmund.

Ich dachte an unsere *sensei,* unsere unermüdliche und ewig geduldige Lehrerin Rie te Kamp, gebürtige Japanerin, mit einem Deutschen verheiratet, Mutter von zwei Kindern – und bildhübsch. Und daran, daß ich mich schon als Erstklässler, im zarten Alter von sechs Jahren, in meine Lehrerin verliebt hatte. Damals wie heute rein platonisch, versteht sich! Viel, sehr viel haben wir in den letzten Jahren von *sensei* gelernt. Und so viele Stunden haben wir selber investiert. Mittlerweile beherrschten wir etwa vierhundertfünfzig *kanji,* jene aus dem Chinesischen stammenden Schriftzeichen, von denen die japanischen Behörden etwa zweitausend für den täglichen Umgang miteinander als Basiswissen definiert hatten. Und wir konnten uns halbwegs verständigen, auf der Straße, in den Geschäften, im Restaurant jedenfalls. Aber daran, in dieser Sprache einmal eine flüssige Unterhaltung führen zu können, arbeiteten wir weiterhin hart, sehr hart. Andererseits ließ einem das mehr als dürftige Englisch, das der typische Japaner im Alltagsleben an den Tag legt, keine andere Wahl – man mußte den dornenreichen Weg der japanischen Sprache beschreiten.

Die drahtigen Mädels der Lufthansa bugsierten ein weiteres Mal den Getränkewagen durch den engen Gang. Und wieder mußte ich an *sensei* denken. Auch sie wäre gerne Stewardess geworden – aber selbst für die japanische Fluglinie „JAL (Japanese Airlines)“ hatte sie nur bis auf den entscheidenden letzten Zentimeter an das geforderte Gardemaß herangereicht, wie schade!

„Noch ein Glas Silvaner?“ trompetete mir die Stewardess ins Ohr – nachdem sie zuvor versucht hatte, mir mit dem Trolley den Arm auszukugeln. Das war wirklich ein Weib nach meinem Geschmack: knappe eins-achtzig groß, schätzungsweise fünfundsiebzig Kilogramm leicht, kernig, blond. „Ja sicher, ich bin ja nicht zum Spaß hier!“ Gut, der Witz war nicht besonders zündend – weil zu nahe an der Realität. Aber er war klasse gebracht, da war ich mir sicher! Trotzdem erfolgte keinerlei Reaktion, die Dame war offenbar völlig humorlos. Wahrscheinlich aus Westfalen – nach zwanzig Jahren beruflicher Tätigkeit in Dortmund weiß ich, wovon ich da rede.

Ein weiteres Glas Silvaner also, nun vielleicht konnte ich ja doch irgendwann ein Auge zutun. Denn mittlerweile war der Himmel dunkel geworden und auf den Monitoren liefen jene tollen Mickey-Maus-Filme aus den späten Fünfzigern, die ich sicher schon einhundertmal gesehen hatte – und die den Abend auch nicht mehr wirklich retten konnten.

das alte Okazaki...

Wieder gingen meine Gedanken zurück zu meiner ersten Reise nach *Okazaki.* Kurz nach der Landung in *Nagoya* am frühen Morgen hatte mich Takahiro Shimizu, Post-Doc und Assistent von Yasu Okada, am Flughafen eingefangen und wir waren zusammen mit dem Shuttle-Bus nach *Okazaki* gefahren. Und auf dieser einstündigen Tour starrte ich wie gebannt auf die neue fremde Welt hinaus, staunend, alles in mich aufnehmend wie ein trockener Schwamm und mein armes Gegenüber mit vielen Fragen löchernd – die Takahiro natürlich alle mit großer Höflichkeit beantwortete, in langsamem, aber verständlichem Englisch.

Das erste was mir auffiel war, wie klein doch die japanischen Häuschen sind und wie winzig die Grundstücke, auf denen sie stehen. Und immer wieder waren kleine Reisfelder zu sehen, dann wieder ein Bambushain oder eine Brachfläche, als Parkplatz genutzt, jetzt direkt daneben ein einzelnes Hochhaus mit mehr als zehn Etagen. War das die japanische Harmonie, von der so viel erzählt wurde? Und wenn ich mir die einzelnen Häuschen so ansah, dann machten sie eigentlich keinen besonders stattlichen Eindruck auf mich. Viele waren offenbar von außen mit dunklem Holz versehen, das mir mehr als erneuerungsbedürftig erschien. Manchmal sah ich sogar Flächen,

... und das neue Okazaki

die offenbar aus eloxiertem Aluminium oder Plastik bestanden. Andererseits waren viele der Dächer in klassisch-japanischem Stil gehalten und besonders prunkvoll gestaltet – was wiederum einen sehr teueren Eindruck auf mich machte. War das wirklich Japan? Und dann diese allgegenwärtigen, scheinbar unentwirrbaren elektrischen Leitungen, die wie ein dichtes Netz den Himmel durchschnitten. In den Reiseführern hatte das Land doch irgendwie anders auf mich gewirkt.

Ich mußte lächeln, wenn ich an diese ersten Eindrücke zurückdachte, mittlerweile vier Jahre alt, aber immer noch frisch wie von gestern. Seinerzeit hatte ich noch viel über dieses Land zu lernen gehabt. Denn der äußere Schein trügt – in Japan immer!

Ich fiel in einen traumlosen Schlaf. Allerdings nur für kurze Zeit – denn von jetzt an wurde der Flug wirklich ungemütlich. Nach anfänglichem Rütteln quäkte uns die Stimme des ersten Offiziers über die Bordlautsprecher entgegen, man möge bitte die Sitzgurte schließen, es sei mit zum Teil erheblichen Turbulenzen zu rechnen. Tatsächlich traf es uns dann hammerhart und zwar für die nächsten neunzig Minuten. Ich sah auf die Uhr – noch immer fast dreieinhalb Stunden Flugzeit. Und jetzt auch noch diese Kapriolen, in der Enge der Sitze waren die kaum zu ertragen!

Aber irgendwie ging auch diese Phase des Fluges vorüber. Und dabei halfen mir – wenn auch unfreiwillig – die Mädels von der Lufthansa. Denn wie unter diesen Bedingungen das Frühstück serviert wurde, war wirklich varietéreif und ausgesprochen unterhaltsam. Allerdings mußte ich mir die sicherlich delikate Eierspeise letztlich doch versagen, zu lange war mir der köstliche Duft derselben schon in die Nase gestiegen...

Die letzen zwei Stunden verlief der Flug dann in völliger Ruhe und tatsächlich schwebten wir nun unserem Ziel entgegen. Alles draußen war in gleißendes Licht getaucht und durch den leichten Dunst hindurch ließen sich die einzelnen Bergketten ausmachen, in der Tiefe gestaffelt, so wie tausendfach auf Portraits japanischer Landschaften dargestellt. Unter Hunderten von Landen hätte ich Japan so wiedererkannt.

Und dann war ich endlich, endlich angekommen! Diesmal erwartete mich Tomohiro Numata, ein weiterer Assistent Yasus. Den kannte ich zwar noch nicht ganz so gut wie Takahiro, aber schließlich sollte ich diesmal vor allem mit ihm zusammenarbeiten. Und somit war es nach dem japanischen Ritual dann auch an Tomohiro, sich um mich zu kümmern. Was er natürlich gerne tat, keine Frage, und bald hatte er mich und mein Gepäck in seinem schicken japanischen „Mini-Roadster" verstaut und wir sausten in Richtung *Okazaki*. Allerdings erinnerte mich die Beinfreiheit, die mir nun geboten wurde, doch wieder sehr an das Sitzen im Flieger. Aber alles andere war natürlich in keinster Weise mit den Qualen der letzten Stunden zu vergleichen.

Tatsächlich erstrahlten *Nagoya* und Umgebung an diesem Tag unter stahlblauem Himmel und bei Temperaturen um die 28 °C, ein herrlicher Spätsommertag. Was für ein Unterschied zu den unerträglich heißen und schwülen bzw. nassen Aufenthalten in den Jahren 2002 und 2005, an denen es mich ausgerechnet zur Regenzeit nach Japan geführt hatte. Der erste Aufenthalt war wahrlich eine Strapaze gewesen, und zwar hatte es 2002 eine sogenannte *karatsuyu,* eine trockene Regenzeit gegeben. Diese Strafe des Himmels zeichnet sich durch das fast völlige Ausbleiben von Niederschlägen aus – allerdings pendelt sich hierdurch die Luftfeuchtigkeit bei fast einhundert Prozent ein. Bei Temperaturen nahe 40 °C am Tage ist der Aufenthalt im Freien dann praktisch nicht mehr möglich. Ich erinnerte mich, wie ich durch fixe Öffnungszeiten gezwungen einmal pro Woche über Tag zur *Mizuho*-Bank in Downtown-*Okazaki* mußte, um über die (legale) Beschaffung von Bargeld mein Überleben zu sichern. Nur fünf Minuten dauerte der Weg zur Bank, war außerdem leicht abschüssig, ein simpler Parcours, will man meinen. Aber wenn ich ankam, hatte ich keinen trockenen Fetzen mehr am Leibe, schwitzte wie ein Schwein. Und in diesen Momenten haben die lieben Japaner so eine herrliche Art, den Fremden völlig zu übersehen. So etwas vermittelt nicht gerade das Gefühl kameradschaftlicher Geborgenheit – soll es vielleicht auch nicht, klar!

2005 hingegen waren die Temperaturen vergleichsweise moderat. Aber in diesem Jahr kam die Feuchtigkeit von außen – und zwar in einer Intensität, wie ich sie bis dato nicht für möglich gehalten hatte. Ich dachte an den Wochenend-Trip zurück, der meine liebe Frau und mich von *Okazaki* nach *Toba,* auf die nahe Halbinsel *Ise* geführt hatte, um den *Ise-Daijingû* zu besuchen, das höchste Heiligtum der japanischen *Shintô*-Religion. Monsunartige Regenfälle und heftige Winde erwarteten uns – da halfen keine Schirme, Raumanzüge wären vonnöten gewesen. Schließlich retteten wir uns ausgerechnet in eine große Aquarienanlage, was für eine Ironie des Schicksals. Die Fische guckten aus den Becken heraus, wir hinein. Und zwischen den biologischen Repräsentanten ergab sich eine gewisse Unsicherheit, welche Klasse der Wirbeltiere denn für den Moment wohl nasser wäre. Abends dann ging es tatsächlich, quasi zur Krönung mit uns selbst in ein Becken hinein und zwar in den *o furo,* das heiße Bad unseres *ryokan,* eines traditionellen japanischen Gasthauses. Und da wollten wir dann so schnell auch nicht wieder heraus, denn mittlerweile waren wir völlig durchgefroren – und das im vermeintlichen Hochsommer!

Aber heute war ein herrlicher Tag und weiterhin genoß ich die Fahrt. Einfach nur durch dieses strahlende Land zu gleiten und vor sich hin zu dösen, von Tomohiro freundlich chauffiert. Das Licht war wunderbar, tauchte alles in leuchtende Farben – fast so, wie ich es von Skandinavien her kannte. So hatte ich Japan bisher noch nicht gesehen.

Auf dem Flug hatte ich lange darüber nachgedacht, wie ich Japan diesmal wohl empfinden würde. Schließlich waren mir Land und Leute in den Jahren zuvor schon sehr ans Herz gewachsen. Und tatsächlich nahm ich den Wechsel nach Japan an diesem Tag überhaupt nicht richtig wahr, befand mich ganz einfach an einem Ort, der anders war – aber den ich eben sehr gut kannte. Fast schon so wie eine zweite Heimat, dachte ich.

Ein Eindruck, der sich bei Ankunft an der *Mishima*-Lodge, dem Gästehaus der wissenschaftlichen Institute zu *Okazaki,* durchaus noch intensivierte. Auch für den diesjährigen Aufenthalt hatte ich eines jener hübschen Zweibett-Apartments angemietet, denn wieder würde meine Frau nach knapp vier Wochen nachkommen und wir würden für vierzehn Tage zusammen in *Okazaki* leben. Neben dem Schlafzimmer bestanden die kleinen Refugien aus einem Küchen/Esszimmer- und Wohnbereich, einer Naßzelle und einem winzigen Flur, alles zusammen auf etwa vierzig Quadratmetern – und es gab zwei Balkone, einen kleineren nach Osten, einen größeren nach Westen.

Und wenn man den Grundriß der *Mishima*-Lodge betrachtete, dann waren die Apartments einer Etage jeweils spiegelverkehrt zueinander angeordnet. Witzigerweise verlief mein Leben beim zweiten Aufenthalt denn auch verglichen zum ersten quasi gespiegelt. Was anfänglich zu netten Verwicklungen führte, etwa beim Versuch des nächtlichen Wasserlassens, bei dem man sich zum Teil an den unmöglichsten Stellen des Apartments wiederfand – und wobei vorangegangene Feierlichkeiten mit lieben Kollegen dem Orientierungssinn zudem nicht besonders förderlich waren. Und diesmal nun die zweite Spiegelung, zurück zur ersten Variante also. Nach dem „Gesetz der größten Gemeinheit", sozusagen, oder „to confuse the enemy", ganz wie man wollte. Hatte schon so etwas befürchtet – nicht auszudenken, was diesmal alles passieren würde.

die Mishima Lodge

Die Apartments sind recht nett eingerichtet – nicht bezaubernd, aber nett. Das heißt, für japanische Verhältnisse vielleicht sogar bezaubernd, für den europäischen Geschmack aber eher funktionell. „Funktionell", wie man es bisweilen in deutschen Reiseprospekten bei der Beschreibung von Ferienwohnungen liest, die mit einem wahren Sammelsurium unterschiedlichster Einrichtungs- und Gebrauchsgegenstände ausgestattet sind. Jedes für sich ganz bezaubernd, aber in der Summe eben nur nett. Und eine solche Beschreibung trifft die Ausstattung der *Mishima*-Lodge eigentlich haargenau. Tatsächlich paßt kein einziges Teil der Möblierung auch nur annähernd zum anderen. Hinzukommt, daß sich mit den Jahren ein breites Sortiment elektrischer Helfer angesammelt hat, alle von unterschiedlichem Design, versteht sich, ein Panoptikum neuzeitlicher Haushaltsgeräte, wie es sich manches Museum wohl wünschen würde – und das das Apartment als Ganzes in eine bunte Erlebniswelt verwandelt.

Da ist als erstes die Waschmaschine zu nennen, von meiner Frau Daniela liebevoll *tsunami* getauft. Ein Gerät, das mit der Dynamik seiner Wasserbewegungen einen wahren Höllenlärm erzeugt – wenn man es denn einmal zum Laufen gebracht hat. Denn alle Bedienelemente sind natürlich japanisch beschriftet. Gleiches gilt auch für die Anleitung zum Gerät, eine englische Version ist nämlich nicht verfügbar – was den sachkundigen Umgang mit der Maschine erheblich erschwert. Und weil die meisten Menschen irgendwie doch an ihrer Bekleidung hängen, wollen sie dieselbe nur ungern einem Gerät anvertrauen, von dem sie nicht wissen, was dieses letztlich damit tun wird. Mittlerweile weiß ich natürlich, wie ich die *tsunami* auslöse. Und daß sie nur mit kaltem Wasser läuft und also keine Gefahr besteht, die geliebten Polos durch Überhitzung untragbar werden zu lassen. Ich weiß aber auch, daß das in Japan übliche Waschen mit kaltem Wasser schärfere Reinigungsmittel erfordert und daß viele Bekleidungsartikel aus Deutschland darauf sehr empfindlich reagieren. Deshalb habe ich mir auch angewöhnt, bei meinen Reisen ins *tsunami*-Land nie die erste Garnitur meiner Garderobe mitzuführen.

Und dann ist da noch ein Reiskocher, ein Heißwasserbereiter/-bewahrer, ein Minigrill, eine Kombi-Mikrowelle natürlich ebenfalls mit Grill, auf der sich mehr *kanji* befinden als in unserer gesamten Lehrmittel-Sammlung, ein Gasherd der natürlich auch mit einem integrierten Mini-Grill daherkommt und der für dieses Jahr mit einem brandneuen Ceranfeld (!) der Fa. Schott aus Deutschland ausgestattet wurde, eine Dunstabzugshaube, ein Staubsauger und schließlich ein Bügeleisen. Und alle diese Geräte erfordern selbst bei ausgeprägten neuzeitlichen Instinkten eine tiefe Intuition für die von den Elektronen in der Regel bevorzugten Wege. Für mich als Elektrophysiologen natürlich zumeist kein Problem – meiner Frau muß ich diese Intuition aber leider absprechen. Allerdings beherrscht Daniela wiederum wesentlich mehr *kanji* als ich, woraus sich ganz andere Lösungsansätze ergeben. Oftmals die entscheidenden, zugegeben! Einzig der Fernseher und die Kühl-/Gefrierkombination haben uns nie größere Schwierigkeiten bereitet, die letztere übrigens ein wahrer Design-Klassiker der bekannten Firma *Hitachi*, schätzungsweise aus den späten Achtzigern des letzten Jahrhunderts.

Und da saß ich nun in meinem neuen/alten Heim, die Beine endlich ausgestreckt und hochgelegt, ziemlich fertig aber glücklich. Wieder mußte ich an die Japaner denken, an ihren Pragmatismus einerseits und an ihren ausgeprägten Sinn für Harmonie und Schönheit andererseits.

Aber mir wurde klar, daß man tiefschürfende philosophische Betrachtungen wohl besser auf einen anderen Tag verschieben sollte. Tomohiro hatte mir noch geholfen, mein Gepäck ins Apartment zu tragen, dann war er erst einmal für zwei Stunden verschwunden, um mich in Ruhe zu lassen. Später wollten wir zusammen zu einem der großen Supermärkte fahren und mich mit dem Nötigsten versorgen, vor allem mit den gewichtigen Sachen, die zu Fuß nur mühsam zu transportieren sind. Außerdem wollte ich eine kleine Inventur meines Domizils durchführen, um eventuell Fehlendes ergänzen zu können. Aber wieder war alles komplett – natürlich – und ebenso akribisch angeordnet wie in den Jahren zuvor. Zwei Messer, zwei Gabeln, zwei große und zwei kleine Löffel, jeweils in einem der Fächer des Besteckkastens angeordnet – der damit natürlich deutlich unterfordert war. Gleiches galt für Teller, Tassen, Schüsseln & Co., die sich außerdem über sämtliche Etagen des Eßzimmerschrankes verteilten. Aber schließlich handelte es sich ja auch erklärtermaßen um ein Zweibett-Apartment, klar!

Im vergangenen Jahr hatten wir damit begonnen, diese Grundausstattung zu komplettieren – schließlich standen noch einige weitere Japanreisen an und im Labor von NIPS (des „National Institute of Physiological Sciences") hatte sich durchaus die Möglichkeit ergeben, ein Gebinde von dreimal vierzig Zentimetern Volumen zwischenzulagern, das dann schnell zu „Franx Box" avanciert war und das Tomohiro bereits an diesem Morgen netterweise mit sich führte. Wichtigste Bestandteile der Box waren eine kleine Kaffee-Maschine japanischen Fabrikats aber ohne die Spur eines *kanji* (!), Rotweingläser, ein Korkenzieher und dann noch weitere Notwendigkeiten wie Wäscheklammern, Kleiderbügel, Küchenmesser und ein Bratkartoffelwender – Sachen eben, die wir uns nicht bei jedem Aufenthalt in *Okazaki* erneut wiederzulegen wollten.

Eigentlich hatte ich geplant, vor dem Einkaufstrip mit dem Einräumen meiner sämtlichen Habseligkeiten fertig zu sein. Aber die meiste Zeit kostete mich dann doch das Verstauen solcher elektrischer Kleingeräte, von denen ich sicher war, daß ich sie nie gebrauchen würde. Also verschwanden Mini-Grill und Wasserbereiter/-bewahrer in einem Blechschrank, der bereits hausseitig mit Bügeleisen und Staubsauger bestückt war; anderes Machwerk wie z.B. der Reiskocher wurden so in irgendwelchen Ecken plaziert, daß man wahrscheinlich nicht darüber fallen würde. Eine gewisse Einschränkung erfuhr meine Kreativität allerdings durch die Tatsache, daß größeres Mobiliar über kleine Winkeleisen mit den Wänden verdübelt war. Wobei ich mich fragte, ob diese Maßnahme nun dazu diente, meinem gestalterischen Talent entgegenzuwirken, oder ob es sich dabei möglicherweise um eine Art der Sicherung gegen Erdstöße handelte. Am Ende war ich jedenfalls recht zufrieden mit meinem Werk, eine gelungene Kombination von Pragmatismus und Ästhetik, wie ich fand – japanisch eben! Außerdem war ich schon immer davon überzeugt gewesen, das Zeug zum Innenarchitekten zu besitzen.

Andererseits sah das gesamte Apartment immer noch so aus, als wäre eine Bombe darin eingeschlagen – die Inhalte von Koffer und Rucksack waren über sämtliche waagerechten Flächen verteilt, die verfügbar waren. Und ausgerechnet in diesem Moment gongte Tomohiro.

Allerdings war der Junge schlau genug, den Bereich des Chaos zu vermeiden – japanisch höflich blieb Tomohiro in der Eingangstür stehen.

Und dann waren wir auf dem Weg zum *Jusco*, dem größten Supermarkt von *Okazaki*. Eigentlich handelte es sich dabei um eine einzige gewaltige Mall, zu der der *Jusco* mit dem großen Supermarkt und mit seiner „Non-Food"-Abteilung etwa ein Drittel des umbauten Raumes beisteuerte. Ingesamt hatte der gesamte Komplex wohl eine Tiefe von einhundertfünfzig und eine Breite von etwa achthundert Metern und besaß durchgängig drei, an einigen Stellen vier Etagen, die Parkdecks nicht eingerechnet. In der Mall war praktisch alles erhältlich, was des Japaners Herz begehrt. Zahlreiche In-Shops der Oberbekleidung, CD- und DVD-Läden, Computer-Shops und Restaurants reihten sich an Trend-Geschäfte mit Ethno-Artikeln, Beauty- und Massage-Shops, einen gewaltigen Laden voll mit Musik-Instrumenten, natürlich einer Vielzahl von Schuhgeschäften unterschiedlicher Preisklassen und *Muji*, eine Kette, die mittlerweile ihren Weg bis hin nach Deutschland gefunden hat und die ausgesprochen geschmackvolle Büro- und Badartikel, Kleinmöbel und Bekleidung vertreibt. Unglücklicherweise war es Sonntagmittag und an Wochenenden zieht der Unterhaltungswert eines solchen Tempels des Kommerzes offenbar besonders. Entsprechend voll war es auch, ein regelrechtes Drängeln und Schieben hatte eingesetzt, in manchen Bereichen von einer unglaublichen Lärm-Kulisse begleitet. Speziell galt letzteres naturgemäß für die gewaltige Spielwaren-Abteilung, in der eine Horde Kleinkinder im Moment dabei war, unter lautem Gekreische lebende Goldfische zu fangen, von den Eltern angefeuert, die sich voll Stolz auf ihre Leibesfrüchte zeigten. Was so ein rechter Japaner ist, der weiß halt, wie man fischt! Außerdem wurde eine Vielzahl lebender Insekten angeboten und, wie im letzten Jahr, war ein Set mit Nashorn-Käfern, jeder wohl fünf bis sieben Zentimeter lang, der absolute Brüller. Ein weiterer akustischer „Hot-Spot" drang aus der Abteilung für Massage-Sessel an mein Ohr, vor der die Japaner in langen Schlangen standen und lautstark die jeweiligen Entspannungsprogramme und Verrenkungen der momentanen Nutzer kommentierten.

In der Lebensmittel-Abteilung war dann tatsächlich die Hölle los und ohne Tomohiros harten körperlichen Einsatz hätte mein Großeinkauf sicher in einem Fiasko geendet. Oben drauf auf den übervollen Einkaufswagen plazierte ich zum Schluß noch zwei „Six-Packs“ *Kirin,* jenes ausgesprochen köstliche japanische Lager-Bier, was von meinem japanischen Kollegen mit einem lauten *„sugoi!“* kommentiert wurde und das gleichermaßen so viel wie „furchtbar“ und „super-toll“ bedeutet, im aktuellen Zusammenhang aber ausgesprochen positiv zu verstehen war – denn Tomohiro ist erklärtermaßen kein Kind von Traurigkeit.

Und dann waren wir wieder auf dem Weg zurück. Mit dem Auto dauerte der Trip knappe fünf Minuten, zu Fuß waren es etwa fünfundzwanzig, zumindest voll bepackt – das hatte ich im letzten Jahr leidvoll erfahren. Etwas wehmütig dachte ich an meinen ersten Aufenthalt in *Okazaki* zurück. Damals hatte es noch das *Uni* gegeben, ein kleines Kaufhaus mit Super-Markt direkt am Bahnhof gelegen und maximal zehn Minuten Fußweg von der *Mishima*-Lodge entfernt. Aber das *Uni* hatte nicht überlebt, sehr zum Leidwesen der Gast-Wissenschaftler am NIPS. Kein Wunder irgendwie, wenn man eine solch solide Mini-Institution mit der bunten Erlebniswelt eines *Jusco* vergleicht.

Zusammen mit den zehn bis zwölf Plastiktüten meines Einkaufes war das Apartment nunmehr bummvoll. Mit einem so hohen Maß an Entropie wurde Tomohiro nicht mehr fertig. Man sähe sich ja morgen früh im Labor, meinte er freundlich und war verschwunden. Ich stürzte mich sogleich auf meinen Lunch, denn das Frühstück der Lufthansa hatte mich konditionell um Meilen zurückgeworfen. Tatsächlich fürchtete ich um mein Kampfgewicht – bei dem Stress der Anreise würde mich ein solcher Verlust nicht wundern. Also gab es eine gewaltige Portion Nudelsalat mit acht *ebi furai,* frittierte Riesengarnelen, dazu ein eiskaltes *Kirin.* Da soll doch mal irgendjemand etwas gegen den *Jusco* sagen! Danach wurde die Kaffee-Maschine überprüft, mit deutschem Kaffee versteht sich, denn – bei aller Liebe für die japanische Lebensart – auf manche Grundnahrungsmittel aus heimischen Landen kann und will ich nicht verzichten.

Langsam ging es mir wieder besser und das Einräumen des Apartments war dann tatsächlich in einer guten Stunde getan; nun nichts wie hinaus in diesen strahlenden Tag! Ich hatte mir einen ausgiebigen Spaziergang vorgenommen, sicher das Beste, was man nach den Anstrengungen der Reise unternehmen konnte. Zunächst ging es an „unserem“ *Rokusho*-Schrein vorbei, keinen Steinwurf von der *Mishima*-Lodge entfernt und auf direktem Wege nach „Downtown“-*Okazaki* gelegen. Und erklärtermaßen zu den schönsten sakralen Gebäuden gehörig, die der gesamte Großraum von *Okazaki* zu bieten hat. An diesem Nachmittag erstrahlte das tiefe Rot des Schreins besonders intensiv, ebenso die zahlreichen farbigen Schnitzereien. Trotz des schönen Tages war kaum ein Mensch zu sehen. Ich ließ mich für eine Weile auf einer der Bänke nieder und genoß ganz einfach die Stille. Und ich saugte das Bild der gesamten Anlage in mich auf wie ein Schwamm. Unzählige Male war ich schon an diesem Ort gewesen, um meine Gedanken zu ordnen und Entspannung zu finden – und auch um zu beten.

Danach ging es weiter in Richtung auf *Higashi Okazaki,* dem Ost-Bahnhof der Stadt. Die Straßen und Geschäfte, alles kam mir so vertraut vor, als wäre ich gestern erst von hier fortgegangen. Dann weiter am Ufer des *Otogawa*, des „*Okazaki* River“ entlang bis hin zur historisch bedeutenden Festung – im zweiten Weltkrieg zerstört, danach wieder aufgebaut. Und ein historischer Ort erster Güte, war sie doch Ausgangspunkt für Tokugawa Ieyasu, den Einiger und ersten *shôgun* des Landes. Auch hier nur wenige Menschen, Ruhe, die zum Verweilen einlud. Auch dieser Ort war mir selbstverständlich wie ein guter Freund. Ich war zurück, wieder zu Hause.

Schließlich trieb mich die Müdigkeit dann doch zurück in meine Behausung. Nach einem gewaltigen *sashimi* und der obligatorischen Dose *Kirin* legte ich ganz einfach die Beine hoch und warf schließlich mein „Sub-Notebook“ mit Namen „Vaio“ an, das Delikatess-Produkt einer japanischen Computer-Firma mit vier Buchstaben, deren Name mit „S“ beginnt und mit „y“ endet. Weniger als eineinhalb Kilogramm schwer, ließ das Gerät mit seiner 80 GByte Festplatte, dem 1.2 GHz Prozessor, dem „multi purpose“ CD-DVD-Brenner, der Akku-Leistung von bis zu sieben Stunden und dem hoch-auflösenden Bildschirm im 16:9-Format keines Jungen Wünsche offen. Sämtliche Daten, die ich für den Aufenthalt brauchen würde, waren auf dem Vaio gespeichert. Außerdem war er meine Verbindung mit Dortmund, nur einen Netzanschluß würde ich brauchen, um in Sekunden mit meinem Institut und Labor in Dortmund kommunizieren zu können. Aber am heutigen Abend würde ich das kleine Gerät bewußt zweckentfremden, denn wie zufällig hatte ich einige DVDs dabei, zusammen mit den winzigen Stereo-Ohrhörern, die ich mir kurz vor der Reise noch zugelegt hatte. Für heute durfte es „Der letzte Samurai" sein und während ich das kleine Notebook liebevoll streichelte, genoß ich den bildgewaltigen Film. Bis mich die Müdigkeit vollends niederstreckte, ich mich mit letzter Kraft ins Bett zog und in einen tiefen traumlosen Schlaf verfiel. Nur hie und da wurde ich wach, um meine armen geschundenen Glieder genußvoll zu strecken.

Am nächsten Morgen fühlte ich mich schwach wie eine neugeborene Katze. Nur mit Mühe wand ich mich aus meiner Liegestatt, schaffte es irgendwie in die Vertikale. Die Zubereitung des Frühstücks verlief langsam und erforderte mehr Konzentration, als mir eigentlich zur Verfügung stand. Aber nach der dritten Tasse Kaffee ging es mir besser und der strahlende Tag draußen tat sein übriges. Und natürlich die Vorfreude auf die japanischen Kollegen, von denen ich die meisten seit dem letzten Jahr nicht gesehen hatte. Ich schulterte meinen Rucksack inklusive Notebook, nahm die beiden Taschen mit den Gastgeschenken auf und machte mich auf den Weg.

Im ersten Jahr hatte ich mich bei der Auswahl solcher Geschenke noch etwas schwer getan. So hatte ich zum Beispiel für Yasu Okada als meine zentrale Bezugsperson beim NIPS eine sündhaft teure Grubenlampe erstanden, wohl an die achtzig Jahre alt – und mit dem Bezug zu Dortmund als ehemalige Bergbau-Stadt auch wirklich zündend, wie ich fand. Tatsächlich hatte das Präsent bei seinem Empfänger dann aber nur eine ausgesprochene Ratlosigkeit hervorgerufen. Wirklich schade, auch wenn ich an das unglaubliche Theater zurückdenke, das der deutsche Zoll damals beim Export der vermeintlichen Bombe veranstaltet hatte.

Beim nächsten Besuch verlief dann alles wesentlich professioneller. Kleine Räuchermännchen und vergleichbare Artikel aus dem Erzgebirge bringen jeden Japaner in Verzückung, wahre Begeisterung lösen Espresso-Tassen deutscher Nobelfabrikanten sowie Schneidwaren aus Solingen hervor und mit CDs deutscher Klassiker bzw. Interpreten der Pop-Musik erzielt man gute Erfolge. Und jeder freut sich über Gummibärchen und Lakritz, in kleinen Gebinden nett verpackt.

Natürlich haben Gastgeschenke in Japan eine lange Tradition. Und früher hatte die angemessene Auswahl eines solchen Geschenkes durchaus direkte Auswirkungen auf Leib und Wohl des jeweiligen Gastes. Böse Zungen behaupten auch, daß Gastgeschenke die Basis für die noch heute in Japan so verbreitete Bestechlichkeit waren. Wie dem auch sei, mich jedenfalls hat noch kein Japaner versucht zu bestechen. Und ob die Auswahl an Geschenken sich irgendwie auf die Qualität meines diesjährigen Projektes beim NIPS auswirken würde – wer weiß das schon?

Wohl an die einhundertundfünfzig Mal war ich diesen Weg zum NIPS gegangen, vorbei am Kongreßzentrum der Stadt, dann durch hunderte von Mittel- und Oberschülern hindurch die Straße überquerend – alle der nahen Privatschule zustrebend in ihren Schul-Uniformen, die Mädels in kurzen dunkelblauen Röcken und weißen Blusen, die Jungs in langen dunkelblauen Hosen, weißen Hemden und mit blauer Krawatte – jetzt durch das Tor mit dem salutierenden, sich höflich verbeugenden Wachmann in schmucker blauer Uniform vorbei – „*O hayô gozaimasu*", der japanische Gutenmorgen-Gruß fast zur selben Zeit von seinen wie von meinen Lippen (aber nur fast, denn seiner hatte eher zu erfolgen) – hinauf auf den Campus mit den Instituten und dann weiter, auf leicht gewundenen Wegen durch den schönen Park bis hin zum NIPS.

Im Gebäude dann auf die dritte Etage und den langen Gang entlang bis hin zum Büro von Yasunobu Okada, Prof. Dr. MD & PhD, Leiter der Abteilung „Comparative Cell Physiology" und – neben vielen anderen Positionen und Funktionen – unter anderem Präsident der „Japanese Physiological Society". Da saß Yasu nun in der Blüte seiner fast dreiundsechzig Jahre, wie immer leicht vorgebeugt, hoch konzentriert und mit der schweren Brille viel zu nah am Monitor des PC – kaum auszumachen zwischen den vielen gewaltigen Türmen von Schriftstücken der verschiedensten Art, die jedoch alle ihre extreme Wichtigkeit verband, da war ich mir sicher. Wahrscheinlich hatte Yasu seinen Arbeitstag wie immer gegen fünf, spätestens halb sechs begonnen und würde ihn auf gar keinen Fall vor neun, vielleicht zehn Uhr abends beenden. Wenn er nicht auf einer seiner vielen Dienstreisen war. Oder wenn es Samstag oder Sonntag war, denn dann würde sich Yasus Arbeitstag auf acht bzw. vier Stunden reduzieren – auf Drängen seiner Frau, einer bezaubernden, fürsorglichen Dame, von der ich noch gerne berichten werde.

„O hayô gozaimasu!“ rief ich Yasu noch in der Tür stehend entgegen und nach kurzem Zucken und vorsichtigem Seitenblick über seine Brille sprang er laut und freudig lachend auf und wir lagen uns für einige Zeit in den Armen. Die folgende Unterhaltung von etwa zwanzig Minuten verlief äußerst herzlich. Dann allerdings entschuldigte sich Yasu freundlich, denn heute wäre er *totemo isogashii,* also völlig überlastet, was zum einen daran läge, daß einer seiner Assistenten heute Nachmittag seinen „Progress Report“ halte, eine vom jeweiligen Mitarbeiter gefürchtete Pflicht, zu dem er mich als Gutachter und Kenner der Materie aber herzlich einladen wolle. Und zum anderen würde man sich natürlich noch heute Vormittag mit Tomohiro und Takahiro zusammensetzen, um das Projekt meines diesjährigen Aufenthaltes zu besprechen. Aus den gleichen Gründen käme man aber wahrscheinlich erst morgen Abend dazu, meine Ankunft angemessen zu begießen, wofür er mich ganz herzlich um Entschuldigung bat. „Some things never change!“ dachte ich gut gelaunt – und fühlte mich noch ein wenig mehr zu Hause in *Okazaki.*

Gegen halb neun kam dann Yasus Sekretärin Tomomi ins Büro und wieder wurde ich auf das herzlichste begrüßt. Über ein Jahr hatten wir uns nicht gesehen – obwohl wir sie eingeladen hatten, uns während der Fußball WM 2006 in Dortmund zu besuchen. Aber so ist das eben mit den Japanern/-innen: Sie leben lange – aber Zeit haben sie nie! Ich mag Tomomi und ihre unkomplizierte Art sehr – immer war sie uns behilflich, auch bei der Organisation der zahlreichen Wochenend-Trips und der Kurz-Reisen innerhalb Japans. Aber leider konnten wir uns bisher nicht revanchieren, höchstens dafür bedanken – mit Gastgeschenken eben.

Mit Tomomis Hilfe war ein komfortabler Schreibtisch in schönem Büro schnell gefunden. Als Nächstes stand dann noch der Internet-Anschluß auf dem Programm, denn viel mehr brauchte ich nicht mehr für die Kommunikation mit Dortmund. Denn Jürgen Huber, EDV-Spezialist daheim im MPI hatte den Vaio bestens für meine Bedürfnisse eingerichtet. Ohara-*san,* der „Chief Technician“ am NIPS und Spezialist für alles was auch nur entfernt nach Technik riecht, zog noch kurz eine Leitung und dann war alles in Butter. Nur ein Maus-Klick und nach vier Sekunden schon war ich mit dem MPI-Dortmund verbunden, erstaunlich schnell, wie ich fand. Irgendwie schon sehr beeindruckend das Ganze!

Allerdings unterlief mir dann der entscheidende Fehler, eine japanische EDV-Größe, deren Namen zu nennen ich mich strikt weigere, nach der Möglichkeit von „Print-Outs“ zu befragen. Die seien natürlich nur über die Netzwerk-Drucker der hiesigen Domäne möglich. Und Schwupps, ehe ich mich versah, hatten flinke Finger die Domäne auf meinem Vaio von MPI-DO auf NIPS-irgendwas, auf die lokale Variante geändert. Klar, daß das MPI-Dortmund mich jetzt nicht mehr wollte – ich hatte mir die Tür zur Heimat vor der Nase zuschlagen lassen! Und um die Veränderungen auf meinem Rechner wieder rückgängig zu machen, hätte ich im MPI eingeloggt sein müssen. Das war, als wolle man sich an den eigenen Haaren aus dem Sumpf ziehen – was natürlich unmöglich ist. Es läßt sich im Nachhinein nicht rekonstruieren, was noch passierte. In heller Panik und in Reaktion auf meinen zunehmenden Unmut versuchte „He who must not be named“ zu retten, was noch zu retten war. Mit dem Erfolg, daß dann gar nichts mehr ging. Mein Notebook gab noch einen verzagten Pfiff von sich – und ich meinte sogar, ein kleines Wölkchen unbestimmter Farbe aus dem Gerät aufsteigen zu sehen.

Nur wer meine Liebe zu meinem Vaio kennt, versteht die tiefe Depression, in die mich das ganze Unglück stieß! Und dann die Aussicht, in diesem ach-so-fremden Land abgeschnitten zu sein von den Lieben daheim. Welch furchtbare Aussicht!

Tatsächlich hatte ich für den heutigen Tag die Nase ziemlich voll. Die Wiederbelebungsversuche meines Notebooks hatten sich über Stunden hingezogen, blieben aber ohne jeden nennenswerten Erfolg. Auch der „Progress Report“ war nicht besonders erbaulich gewesen – sehr ungewöhnlich für dieses erstklassige Labor aber irgendwie passend zum heutigen Tag. Einzig die Besprechung meines Projektes war sehr angenehm verlaufen – wie unter guten Freunden nicht anders zu erwarten.

Mittlerweile war es kurz vor 20:00 Uhr und ich beschloß, den heutigen Arbeitstag zu beenden. Ein gepflegtes Bier wäre jetzt genau richtig. Welches übrigens auch sehr wichtig ist für die Zufuhr der Elektrolyte/Osmolyte, die der Körper über Tag so verloren hat. Denn das Mineralwasser in Japan eignet sich nach meinem Geschmack höchstens zum Bügeln oder zum Befüllen von Auto-Batterien. Ich bin schließlich Physiologe und weiß das. Und meiner Frau habe ich das auch schon so erklärt.

Außerdem hatte ich einen Bärenhunger. Und ich erinnerte mich an das kleine italienische Restaurant im *Jusco,* das eine erstaunlich authentische Küche pflegt. Der Weg zum *Jusco* verlief leicht bergab und führte mich durch Wohngebiete, die um diese Zeit schon fast völlig im Dunkeln lagen. Umso mehr erstrahlte in der Ferne der *Jusco* mit seinen leuchtend bunten Farben. Zur Helligkeit des gesamten Bereiches trägt außerdem die „Basilica Santa Croce" bei, die der unbedarfte Beschauer auf den ersten Blick für ein wahres Kirchlein von knapp vierzig Metern Höhe halten mag. Von gleißenden Scheinwerfern angestrahlt handelt es sich in Wirklichkeit aber um ein reines Imitat in modernster Leichtbauweise, das als Ort der Vermählung für japanische Paare dient – als Hochzeitstempel, wenn man so will. Sinnigerweise erhebt sich in direkter Nachbarschaft zur Basilika ein gewaltiges Geschäft für Brautmoden, Hochzeitsgeschenke und andere Vermählungsutensilien – Herz, was begehrst Du mehr? Tatsächlich sind die Japaner dafür bekannt, für den wichtigsten Tag im Leben Anleihen bei den verschiedensten Religionen dieser Welt zu machen. Alles, was hübsch ist und gefällt, ist denkbar – auch in Kombination, versteht sich.

Das italienische Restaurant ist in der zweiten Etage des *Jusco* gelegen, wobei das Erdgeschoß mit dem Eingang als Ebene-Eins gezählt wird – eine der vielen Eigentümlichkeiten, die Japan nach dem zweiten Weltkrieg von den Amerikanern übernommen hat/übernehmen mußte. Neben der Netzspannung von einhundertzehn Volt, Baseball, Whisky und – in jüngster Zeit – „*Makudonarudo*", was nichts anderes ist als McDonald's, in typisch „japanisierter" Aussprache eben. Übrigens werden alle Begriffe ausländischen Ursprungs, die sich auf diese Weise artikulieren, auch in einer speziellen Silbensprache geschrieben, dem *katakana* – und die Identifikation des jeweiligen, meist englischen Originals wird vom Studierenden der japanischen Sprache oft als regelrechtes „guessing game" empfunden und kann dann nach seiner Auflösung eine zum Teil fast schmerzhafte Heiterkeit auslösen.

Allerdings herrscht in Japan auf den Straßen Linksverkehr – was natürlich ganz im Gegensatz zu Amerika steht. Die Ursache hierfür läge darin begründet, daß die *samurai* früherer Zeiten – immer mit der rechten Hand nah an der *katana,* dem klassisch-japanischen Langschwert – entgegenkommende Personen aus verteidigungstechnischen Gründen gerne auf der linken Seite passierten. Habe ich von mehreren Japanern so erklärt bekommen. Aber irgendwie wundert mich schon, daß sich das Ganze dann bis ins Zeitalter japanischer Kleinwagen hineingerettet haben soll. Und irgendwie fühle ich mich dabei auch an die Story von unseren amerikanischen Freunden erinnert, die vermeintlich flegelhaft zunächst das gesamte Fleisch auf ihrem Teller mit Messer und Gabel zerteilen – und dann die Malzeit mit der Gabel in der linken Hand fortsetzen, während die rechte irgendwo unter der Tischfläche verschwindet. Um in früheren Zeiten schneller am Colt zu sein – ich weiß nicht, ich weiß nicht!

Mit solch tiefschürfenden Betrachtungen im Sinn betrat ich das italienische Restaurant. *„Irasshaimassseeeee!!“* schlug es mir mit achtzig Dezibel aus den Kehlen des Bedienungspersonals entgegen. Dieser typische Willkommensgruß ist Ausdruck großer Höflichkeit und wird in Japan von jedem Gast und Kunden erwartet. Zumeist von weiblichen Beschäftigten bei zwölfhundert Hertz ausgestoßen, kann er für das ungeübte europäische Ohr jedoch ausgesprochen schmerzhaft sein. Überhaupt mutete das japanische Personal im entzückenden Ambiente des italienischen Restaurants irgendwie fremdartig an. Auch tat sich die Lokalität mit ihren *sanpuru,* den typisch japanischen Kunststoff-Imitaten oder eben „Samples“ der Gerichte in der Fensterauslage keinen Gefallen – denn die tatsächlichen Speisen sehen doch wesentlich köstlicher aus.

Umso bezaubernder war dann allerdings die Japanerin, die mit der Speisekarte in der Hand auf mich zuschwebte, mit einem strahlenden Lächeln auf den Lippen – und ohne Unterbrechung auf mich einredend. Aus dem Gesagten konnte ich aber immerhin entnehmen, daß die Frage „ob Raucher-/Nichtraucher“ zur Erörterung anstand. Nach Klärung derselben bekam ich dann einen kleinen Tisch zugewiesen und studierte die Speisekarte. Und nach weiteren fünf Minuten kam die reizende junge Dame wieder und nahm die Bestellung auf – und das tat sie nun, während sie vor mir auf dem Boden kniete. Mit den Jahren habe ich mich an dieses typisch-devote Verhalten des japanischen Personals fast gewöhnen können. Ich muß aber zugeben, daß es mich in Fällen wie an jenem Abend immer noch etwas nervös macht.

Jedenfalls entschied ich mich für frittierte Calamari auf Salat, gefolgt von Fettuccine in Steinpilz-Sahnesoße. Und für die Elektrolyte/Osmolyte gab es ein großes *Malts*-Bier der Fa. *Santori.* Und alles war tatsächlich von solcher Qualität, daß man es nicht besser hätte machen können. Einzig der Rotwein aus gleicher Getränkequelle ließ deutlich zu wünschen übrig. Von der Farbe her erinnerte er eher an einen kräftigen Rosé – ebenso wurde er stark gekühlt serviert, was den Genuß allerdings dann auch erträglicher machte. Aber Japan zählt nun eben nicht unbedingt zu den besonderen Weinregionen dieser Welt.

Nach Begleichen der Rechnung von umgerechnet weniger als fünfzehn € begab ich mich auf den Heimweg. Und tatsächlich tat mir ein Verdauungsspaziergang nach dem mehr als reichlichen Mahl auch ausgesprochen gut. Zuhause angekommen beschränkten sich meine Möglichkeiten zur Zerstreuung dann auf das japanische Fernsehprogramm, das ich allerdings als wenig erbaulich bezeichnen möchte. Diese ewigen Unterhaltungsshows mit zum Teil groteskem Klientel, diese Kochsendungen mit Zubereitungen über Stunden hinweg, die täglichen Futter-, Bade-, Reiseerlebnisse kleiner japanischer Gruppen in irgendwelchen heimischen Landschaften, Wetterberichte mit den Aussichten für die Trocknung von Haushaltswäsche – nein, dies alles reizt mich nicht! Wenn ich doch jetzt nur meinen Vaio hätte. Mit Tränen in den Augen legte ich mich schlafen und ich träumte schlecht. Mal stahl man mir das geliebte Gerät; dann brannte es aus, nachdem eine Gruppe feindlicher EDV-Agenten es über Stunden malträtiert hatte; schließlich rollte sogar ein japanischer LKW über mein „Sub-Notebook". Ach, was sollte nur werden?

Doch immer, immer wieder geht die Sonne auf! Denn am nächsten Morgen, als ich wieder im NIPS war, kam die Stunde von Hans-Jürgen Deymann – Dortmunder Kollege und ein ausgesprochenes EDV-Talent! Auf meine vorausgeschickte zaghafte E-Mail-Anfrage hin, ob man mir nicht zumindest meine Adressen-Liste mailen könne – längst hatte ich mich innerlich auf den Gebrauch eines der hiesigen, gewaltigen Desktops mit fragwürdiger Tastatur eingestellt – erfolgte sein rettender Anruf aus der Heimat. Hans-Jürgen aktivierte seine digitalen Chirurgen-Hände und nach kurzer Tele-Diagnose wurde mein geliebter Vaio über mehr als zehntausend Kilometer hinweg von ihm wiederhergestellt – und zwar in einer etwa dreißigminütigen Operation. Ich hab nie verstanden, wie so etwas überhaupt möglich ist, aber irgendwie hat der Mann es tatsächlich zustande gebracht. Unglaublich, welch tief empfundenes Glück, welche Tränen der Freude – Hans-Jürgen, ich danke Dir! Ich werde den Mann an höherer Stelle lobend erwähnen, nahm ich mir vor – großes Indianer-Ehrenwort!

der Beginn der Messungen

Nun war also endlich alles in Butter und die wissenschaftliche Arbeit konnte beginnen. Noch vor der Mittagspause setzte ich die Versuchslösungen an. Im Jahr 2002 hatte ich hier in *Okazaki* zusammen mit den japanischen Kollegen einen Ionen-Kanal in der humanen Tumor-Linie mit Namen „HeLa“ charakterisiert, der bei der Regulation des Zell-Volumens unter osmotischem Streß beteiligt ist. Interessanterweise spielt dieser Kanal jedoch auch im Wechselspiel zwischen Proliferation (inklusive Tumorgenese) und Apoptose (dem programmierten Zelltod) eine entscheidende Rolle. Das heißt, daß er sehr wahrscheinlich mit der Entstehung von Krebs und der Abwehr des Körpers gegen diesen Prozeß zu tun hat, ein dampfaktuelles Thema also. Bei den Messungen handelte es sich um sogenannte „Patch Clamp“-Versuche, eine biophysikalische Technik, bei der eine spezielle Glas-Mikroelektrode auf eine einzelne Zelle aufgesetzt wird. Bei meinem ersten Besuch in Japan hatte ich viel Zeit in das System „HeLa“ investiert. Nun würde sich zeigen, was diese Investition Wert war.

Ich machte mich auf den Weg zu meiner Apparatur – es war dieselbe wie im letzten Jahr. Die eigentliche Versuchskammer besteht aus einem Plexiglas-Block von etwa fünf-mal-fünf Zentimetern in der Waagerechten und einer Höhe von zehn Millimetern. Der Block besitzt eine zentrale Bohrung, die an der Basis zehn Millimeter im Durchmesser mißt und die sich nach oben hin konisch erweitert. Nach unten ist diese Öffnung mit einer Glasplatte von einem halben Millimeter Stärke verschlossen.

Diese Kammer ruht nun auf dem Kreuztisch eines inversen Mikroskops; will heißen, daß man sich die Zellen von unten durch die Glasplatte hindurch anschaut, während oberhalb des Präparates ausreichend Platz für die erforderliche Handarbeit bleibt. In die Kammer werden nun wenige Mikro-Liter einer Suspension von HeLa-Zellen gegeben und nach wenigen Minuten sind die Zellen bis auf den Glasboden abgesunken. Über ein einfaches Schlauchsystem lassen sich die Zellen dann mit den jeweiligen Versuchslösungen überströmen. Und mit Hilfe des Kreuztisches kann man die Versuchskammer horizontal verfahren – bis man letztlich die Zelle seiner Begierde ausgemacht hat. Mit dem Feintrieb des Mikroskops wird dann derselben noch die gewünschte Schärfe verliehen. Und in ähnlicher Façon plaziert man schließlich auch die Mikroelektrode.

Welche an ihrer Spitze eine Öffnung von nur etwa zwei Mikrometern im Durchmesser aufweist und mit Hilfe eines speziellen Manipulators von unglaublicher Präzision – und gleichzeitiger Stabilität – auf die Oberfläche einer einzelnen Zelle abgesenkt wird. Denn auch die Zellen sind mit fünfzehn bis zwanzig Mikrometern im Durchmesser nicht gerade üppig geraten – was diese außerordentlichen Anforderungen an die Feinmechanik wohl erklärbar macht. Der Witz bei der „Patch Clamp"-Geschichte – für die die deutschen Physiologen Neher und Sakmann übrigens 1991 den Nobel-Preis für Medizin bekommen haben – ist nun der, daß man durch einen leichten Unterdruck eine möglichst dichte Verbindung zwischen dem vorderen Rand der Mikro-Elektrode und der Oberfläche der Zelle herstellt, die Zelle über die Elektrode also quasi ansaugt und so den erwünschten „Giga Seal" erreicht. Nur dann lassen sich die Ströme durch einzelne Ionen-Kanäle bestimmen, die in der Regel im unglaublichen Bereich von einigen wenigen Piko-Ampère liegen, also bei einigen tausendstel-tausendstel-tausendstel-tausendstel Ampère. Bei derjenigen Konfiguration der „Patch Clamp"-Technik, die bei meinen Messungen zum Einsatz kam – „Whole Cell" genannt – wird nach Erreichen des „Giga Seal" noch ein zweites Mal ein Unterdruck an die Elektrode angelegt, etwas stärker diesmal und mit dem Erfolg, daß der Patch unter der Elektrode zerreißt und dann die elektrischen Ereignisse von innen heraus über die gesamte Zellmembran hinweg gemessen werden können. Außerdem hat diese Methode den Vorteil, daß man über die Wahl der Lösung in der Pipette – ganz einfach über das Prinzip der Diffusion – das Milieu im Inneren der Zelle vorgeben kann. Selbstredend steht die Mikroelektrode bei jeder Konfiguration mit einem speziellen „Patch Clamp"-Verstärker in Verbindung und ausgeklügelte Software erleichtert dem Forscher die Steuerung des Versuches, sowie die Speicherung und Auswertung der gewonnenen Daten.

Nun denn, es galt! Da lag sie nun vor mir, die HeLa-Zelle, bräsig, mitten im Gesichtsfeld meines Mikroskops, nichts Böses ahnend und irgendwie provozierend. Ruhig und mit nerviger Hand legte ich die Mikro-Elektrode in den Halter ein, fuhr den Manipulator nach vorn. Die Stunde des Jägers war gekommen! Da, der erste Kontakt mit der Oberfläche der Membran, sichtbar gemacht durch eine leichte Abnahme des Strom-Pulses, der allein zur Kontrolle der Seal-Bildung durch die Elektrode geschickt wird. Jetzt ein leichter Unterdruck von wenigen Millibar, angelegt durch vorsichtiges Ziehen vermittels einer feinen Spritze – und der Strompuls fiel ins Bodenlose: Giga-Seal! Jetzt nur die Ruhe bewahren, einige neue Einstellungen am Verstärker waren nötig; dann der zweite Griff zur Spritze. Diesmal sollte der Unterdruck schneller und stärker erfolgen als zuvor, aber zu jeder Zeit mußte man bereit sein, ihn in einer hundertstel Sekunde wieder auf Null zu reduzieren – dann wenn die Membran unter der Elektrode riß. Vorsichtig, vorsichtig jetzt! Da, geschafft, steil und schlank wie eine Lanze reckte sich der kapazitive Strom der Zellmembran in die Höhe: „Whole Cell" – eine erstklassige Ableitung, das konnte man jetzt schon sehen! Nun noch der Abgleich am Verstärker, fertig! Jetzt die Nerven bewahren, die Vorperiode von einer Minute Dauer stand an. Elend langsam verrannen die Sekunden. Achtundfünfzig, neunundfünfzig, sechzig, geschafft! Jetzt der Wechsel zur Hauptperiode, hyperosmotischer Stress, der Reiz für meinen Kanal, würde er aktivieren? Bis jetzt war nichts zu sehen, doch da, der Strom wurde größer, ja, herrlich, wunderbar, was für eine Aktivierung! Und langsam, langsam wurde die Zunahme auch wieder geringer, pegelte sich auf dem neuen erhöhten Wert ein, wundervoll! Jetzt der Wechsel zurück zur Ausgangslösung, ist der Effekt auch reversibel – wenn nicht, dann taugt das Ganze wenig! Immer noch bleibt der Strom erhöht, nichts passiert, gar nichts – doch da, endlich, er wird wieder kleiner, immer kleiner und langsam, sehr langsam geht er tatsächlich bis fast auf seinen Ausgangswert zurück. Super, eine bildschöne Messung, der erste Versuch im Kasten – gelernt ist eben gelernt. Ich sank in den Labor-Stuhl zurück. Aber das war auch Streß, echter Streß über fast dreißig Minuten. Aber für die Zelle wahrscheinlich noch schlimmer, mußte ich lächeln.

Und so ging es dann Gott-sei-Dank auch weiter – an diesem wunderbaren Modellsystem. Sechs Pipetten, sechs Giga Seals, sechsmal „Whole Cell" – sechs Versuche insgesamt schaffte ich an diesem

Nachmittag. Die Insider verstehen, was das heißt. Besser kann eine Serie wahrlich nicht laufen. Klar, das waren erst die Kontroll-Versuche, später würde es schon haarig genug werden – bei der Untersuchung der intrazellulären Signalwege, die meinen Kanal unter osmotischem Streß letztlich aktivieren. Denn hierbei sollten spezifische Pharmaka zum Einsatz kommen – und jedes Pharmakon zeigt bekanntlich seine Nebenwirkungen.

Tomohiro stand in der Tür und sah mich fragend an. Ob es denn nicht gut gelaufen wäre. Offenbar hatte ich wohl gar zu sorgenvoll dreingeblickt – mit dem gesamten Projekt vor der Brust. Außerdem würden die Kollegen schon warten, heute Abend wolle man doch meine Ankunft feiern. Erschrocken blickte ich auf die Uhr: 19:00 Uhr schon und für 18:30 Uhr bereits war der Tisch in unserem Lieblingsgasthof bestellt. Mein Gott, wie peinlich – das war meine Feier!

Ich ließ alles stehen und liegen und fing meine japanischen Freunde ein. An diesem Abend waren wir zu fünft – Yasu war natürlich dabei, dann Takahiro und Tomohiro. Und sehr zu meiner Freude auch Ravshan Sabirov. Ravshan hatte ich bei meinem ersten Aufenthalt in *Okazaki* kennengelernt und in diesen etwas mehr als drei Monaten waren wir richtig gute Freunde geworden. Über zehn Jahre hatte er insgesamt im Labor von Yasu Okada gelebt und gearbeitet. Mit sehr gutem Erfolg – der letztlich dazu führte, daß er ausgerechnet in seiner Heimatstadt Taschkent eine Professur erhielt. Allerdings war die Ausstattung des Labors in *Okazaki* deutlich besser als die in Usbekistan und so verstand es Ravshan nach wie vor, die Vorteile beider Orte miteinander zu verbinden – ein Wanderer zwischen den Welten sozusagen. Und in den folgenden Jahren hatten wir uns dann immer irgendwie verfehlt.

Umso größer war natürlich jetzt die Freude sich wiederzusehen, und tatsächlich bewegte sich ein ziemlich lauter und alberner Haufen in Richtung Innenstadt. Langsam näherte man sich einer gewissen Unterführung, und zwar der mit den zwei Metern lichter Höhe, nah am Ostbahnhof von *Okazaki:* „Yasu, be careful – low clearance!" Ich liebte diesen Scherz, konnte ihn mir einfach nicht verkneifen, auch wenn er klar auf Kosten meines Freundes ging – mit seinen stattlichen Einmeterachtundsechzig. Aber für mich war dieser Witz einer der Brüller eines jeden *Okazaki*-Aufenthaltes. Und die etwas größergewachsenen Mitarbeiter von Yasu freuten sich auch – und zwar diebisch.

Schon oft hatten wir – japanisch, deutsch oder usbekisch – über die ethnischen Varianten des menschlichen Humors philosophiert. Für meinen Freund Yasu ist es zum Beispiel unglaublich komisch, im Restaurant auf einen Teller zu zeigen und „*sara desu*" („*sala desu*" gesprochen) zu sagen, die japanische höfliche Variante von: „Hier ist ein Teller." In der umgangssprachlichen Einfachform heißt das Ganze dann „*sala da*", also genau wie der „*salada*" (Salat), der auf eben diesem Teller ruht. Aber wie sich ein hochintelligenter Mensch über ein solches Wortspiel in ein wahrlich infernalisches Gelächter hineinsteigern kann, das über Minuten anhält, ist und bleibt mir unverständlich.

Andererseits kommen die Japaner mit unseren Witzen ebensowenig zurecht. Nehmen wir zum Beispiel den von den drei Schildkröten, die seit ein, zwei, drei Jahren mit großem Durst unterwegs zu einer Quelle sind. Endlich angekommen wollen sich die ersten beiden auf das Wasser stürzen. Da fällt der dritten erschrocken auf, daß man ja die Becher vergessen habe. Sie bittet die anderen zu warten – es sei schließlich eine Frage des Stils – sie würde zurückeilen und die Becher der drei holen. Gesagt, getan – sie verschwindet. Die beiden anderen warten entnervt ein Jahr, zwei Jahre – dann halten sie es nicht mehr aus, mit unbändigem Durst stürzen sie sich auf die Quelle. Im gleichen Moment kommt die dritte hinter einem Busch hervor und sagt, genauso habe sie sich das Ganze vorgestellt – und wenn die anderen mogeln würden, ginge sie erst gar nicht los!

Ist doch irgendwie putzig, oder? Bei den Japanern erntet man mit diesem Witz allerdings nur völliges Unverständnis. Was daran denn komisch sei? Außerdem seien unsere Geschichten immer so elend lang! Nun, vielleicht etwas kürzer und mit einer leicht ethnischen Note?

Ein Österreicher fährt sich in der Schweiz eine Beule in den Wagen. Er folgt dem Rat eines Passanten und pustet feste in den Auspuff, denn dadurch ließe sich die Beule wieder entfernen. Zwei Gendarmen kommen vorbei und auf seine Erläuterungen hin fangen beide herzhaft an zu lachen. Das könne so doch gar nicht gehen – schließlich sei das Schiebedach noch offen!

Wieder keinerlei Reaktion. Nur verständnislose Gesichter – bestenfalls war da ein dümmliches Lächeln zu verzeichnen. Als gut, wie wäre es denn dann mit etwas Schlüpfrigem?

Eine Medizinstudentin fragt ihren Professor, ob man sich auf der Toilette mit einer Gonorrhöe infizieren könne. Im Prinzip ja, meint der Professor, es sei allerdings sehr unbequem!

?????

Ich gab es auf!

An diesem Abend tranken wir viel Bier, aßen *sashimi* (rohen Fisch), *tenpura* (frittierte Gemüse, Fisch, Schrimps) und *yakitori* (gegrillte Spieße von Hühnchenfleisch) – aber ich erzählte keinen einzigen Witz. Allerdings amüsierten wir uns auch so ausgesprochen gut, was vor allem an den ewigen Albernheiten nach japanischer Façon lag – kleine personenbezogene Sticheleien, die immer saßen aber nie verletzten. Weil man sich eben kennt! Und die in Japan außerdem eine wichtige Funktion bei der Aufarbeitung sozialer Spannungen haben – einer der Hauptgründe, warum die Japaner so gerne in der Gruppe feiern.

Darüber hinaus lieben fast alle Japaner alkoholische Getränke sehr – obwohl die wenigsten sie vertragen. Was sich ganz einfach über die vergleichsweise geringe Expression des Enzyms „Alkohol-Dehydrogenase (ADH)“ in der Leber dieses Volkes erklärt. Und so enden viele Feierlichkeiten für den Einzelnen in einer Art und Weise, die einem Europäer peinlich wäre. Allerdings nicht den Japanern, denn für sie ist der Genuß von Alkohol – und seine Auswirkungen – absolut gesellschaftsfähig. So sah ich einmal eine gemischte Gruppe von vier etwa fünfzigjährigen Herrschaften, die völlig betrunken und in allerbester Laune ein Restaurant verlassen hatten, um sich dann davor auf dem Boden niederzulassen – bis ein Kommando von Verwandten sie letztlich in Haft nahm und nach hause transportierte. Ein anderes Mal fiel ich am Uferweg des *Otogawa* zur völligen Unzeit über einen betrunkenen Geschäftsmann – in einen dunklen Zwirn gewandet, den ich auf weit über eintausend € veranschlagen würde. Irgendwann rappelte sich der Betreffende dann wieder auf, klopfte sich den Staub vom Revers und ging weiter seinen Geschäften nach, als wäre nichts gewesen. Und niemals-nicht würde sich ein Japaner einfallen lassen, am Morgen nach einer gemeinsamen Feierlichkeit einen Kollegen mit dem in Deutschland so beliebten „Na, geht es wieder?“ zu verunsichern – in Japan völlig undenkbar!

Jedenfalls neigte sich meine Feier nun allmählich ihrem Ende zu. Alle hatten reichlich getrunken – als i-Tüpfelchen wurden noch gerade von einer gewissen hochgestellten Persönlichkeit einige Pickels in den Gläsern der Mitstreiter verteilt – unter sehr bescheidenem Beifall allerdings. Also beschloß ich zu bezahlen! Was mir sogleich – als Gast in Japan diesbezüglich völlig entmündigt – von den Kollegen wieder kategorisch ausgeredet wurde. Draußen wurde dann der Vorschlag, man könne doch eventuell zum *karaoke* gehen, von der Mehrzahl der Betroffenen mit Entschiedenheit abgelehnt; man half sich gerade noch gegenseitig aus den Rabatten, woran ich – wohlgemerkt aktiv – einen größeren Anteil hatte; eine gewisse hochgestellte Persönlichkeit verschwand unauffällig in einem einladend geöffneten Taxi, wenig später der Rest in irgendwelchen öffentlichen Verkehrsmitteln; und ich machte mich als teutsche Eiche zu Fuß auf den Heimweg.

Am nächsten Morgen erwachte ich nur zögerlich aus tiefem Schlaf und die Vorbereitungen auf den Versuchstag kosteten mich eine erhebliche Konzentration. Außerdem standen Geschirr und Besteck sämtlich gebraucht in der Spüle – was eine gewisse Improvisation nötig machte. Aber schließlich sieht man einer Kaffeetasse im gefüllten Zustand kaum noch an, ob sie vorher sauber gewesen ist oder nicht, und die Reinigung eines Frühstückstellers unter heißem Wasser verlangt dem Routinier nur wenig mehr als zwei Sekunden ab. Selbst ist der Mann, wie es so schön heißt! Und wenn meine Frau schließlich nachkam, war es sowieso Schluß mit dieser Form von Gemütlichkeit…

Im Institut war dann allerdings jede Müdigkeit sofort verflogen – denn heute sollte es richtig spannend werden. Als erstes Ziel hatten Tomohiro und ich uns die „Proteinkinase C“ (PKC) vorgenommen – ein zentrales Element in den Netzwerken, die die Funktion von Zellen steuern. Und ich würde im „Patch Clamp“-Versuch überprüfen, ob dieses Enzym auch an der Steuerung unseres Ionen-Kanals beteiligt ist. Für Untersuchungen solcher Art stehen dem Zellbiologen heute eine Vielzahl von Substanzen zur Verfügung, die – von außen angeboten – schnell ins Innere einer Zelle hinein diffundieren, um dortselbst gezielt und mit hoher Präzision ein Element der Signal-Verarbeitung zu hemmen – oder aber auch zu stimulieren. Parallel zu meinen Experimenten würde Tomohiro Messungen mit einem „Coulter Counter" durchführen, ein Gerät mit dem sich höchst genau das Volumen von Zellen bestimmen läßt – eine schnelle und sehr leistungsfähige Methode.

Da mußte ich mich also ranhalten, um mit Tomohiro Schritt zu halten. Und genauso verstanden wir unser gemeinsames Projekt – quasi als sportlichen Wettstreit, hin zum gemeinsamen Erfolg. So macht Wissenschaft am meisten Spaß – und am Abend war ich dann mit meinen Messungen auch tatsächlich durch. Mit der Substanz unserer Wahl ergab sich im „Patch Clamp"-Versuch eine Hemmung der Kanal-Aktivierung auf dreißig Prozent der Kontrolle. Allerdings stand der „Igel" schon in der Tür, um dem „Hasen" zu verkünden, daß er mit seinem „Coulter Counter" auf den gleichen Wert gekommen sei – allerdings vor etwas mehr als zwei Stunden schon. Und so jagten wir uns in den nächsten Tagen weiter – mal lag der Eine vorn, mal der Andere. Und sehr nach Art einer Raster-Fahndung definierten wir ein Element ums weitere – bis das Bild vom Netzwerk der zellulären Signal-Wege in HeLa-Zellen langsam immer klarer wurde.

das chinesische Restaurant

An einem der nächsten Abende zog es mich in das chinesische Restaurant in „Downtown"-*Okazaki.* Die Messungen an diesem Tag waren nicht schlecht verlaufen – tatsächlich waren aber zehn Ableitungen nötig gewesen, um schließlich doch die Hürde der gewünschten Signifikanz zu nehmen, den Effekt deutlich werden zu lassen. Entsprechend leer fühlte ich mich – was eine eventuelle Aktivität am heimischen Herd in völlige Ferne rücken ließ.

Der Weg zum Restaurant führte mich zunächst über eine Brücke des *Otogawa.* Es war jetzt etwa 19:30 Uhr, dunkel und die Lichter meines geliebten Dorfes spiegelten sich anmutig in der schwarzen Fläche des Flusses. *Okazaki,* Japan, war das nicht alles wunderbar? Und dann die zahlreichen Experimente, die wir schon durchgeführt hatten. Eine wohlige Zufriedenheit bemächtigte sich meiner.

Doch dann nahm ich sie wahr, ein dunkle Silhouette, die mir aus etwa zwanzig Metern Entfernung schnell entgegen kam. Mittlerweile hatte ich mich – nach anfänglichen Kollisionen – daran gewöhnt, daß sich der Linksverkehr in Japan durchaus auch auf die Gehwege erstreckt. Entsprechend verhielt ich mich also, braver *gaijin,* höflicher Fremder in diesem gastlichen Land. Nun hatte sich aber mein Gegenüber, eine Dame, die ich – unter Einbeziehung eines Faktors für japanischer Jugendlichkeit von circa 1,3 – auf etwas über sechzig Jahre schätzen würde, in den Kopf gesetzt, mich tatsächlich und entgegen jeder Erwartung „en passant" von rechts zu nehmen. Und da standen wir uns also gegenüber, listige Augen funkelten mich provozierend und voller Erwartung an. Inklusive Hut reichte mir die Dame zwar höchstens bis kurz über die Gürtellinie. Eigentlich hätte sie problemlos – doch lassen wir das! Aber was hatte ich schon für eine Wahl, ich konnte die Frau wohl kaum über den Haufen rennen – internationale Verwicklungen wären die Folge gewesen! Und so bewegte ich mich eben rechts an einem dieser wunderbaren Wesen vorbei, in dessen Land ich das Glück hatte, zu Gast sein zu dürfen. Mit finsteren Gedanken im Sinn, während dieses japanische Biest, mit einem kaum wahrnehmbaren Nicken und mit merklicher Zufriedenheit an mir vorüber zog. Ausgesprochen demütigend, das muß ich schon sagen!

Auf meinem weiteren Weg ging mir dieses sture Verhalten, das speziell japanische Damen reiferen Alters häufig an den Tag legen, nicht mehr aus dem Sinn. War es der bloße Starrsinn, Autismus oder eine bewusste Provokation? War ich wieder einmal für einen Amerikaner gehalten worden und verstand sich die Dame als Engel der Rache für die Schmach des zweiten Weltkriegs? Und so etwas mir!

Meine Laune verschlechterte sich zusätzlich, als ich an die nächste Kreuzung kam, ein zentraler Knotenpunkt zweier Hauptstraßen in *Okazaki*. Theoretisch würde der Weg eines Fußgängers über die vor mir liegende Querstraße wohl höchstens zwanzig Meter betragen. Tatsächlich wird man aber in dreifachem Zickzack über eine metallene Hühnerleiter auf eine quadratische Konstruktion geführt, die quasi als Gehweg in den Wolken die gesamte Kreuzung überspannt – ein genialer Winkelzug japanischer Verkehrsstrategen! Selbstredend muß man auf der gegenüberliegenden Seite auch wieder herunter, womit der gesamte Ausflug in die Höhe sich auf knappe fünf Minuten belaufen dürfte. Als weitere Bereicherung verläuft parallel zu den Stufen der Leiter eine Rampe, die für das Schieben eventueller Fahrräder gedacht ist. Tatsächlich wird dieser Bereich jedoch – trotz einer Vielzahl mahnender Tafeln – von enthusiastischen japanischen Fahrradfahrern jugendlichen Alters als willkommene Möglichkeit genutzt, die Passage zu verkürzen und gleichzeitig das eigene fahrerische Können unter Beweis zu stellen. Wobei ich letzteres den jungen Herrschaften leider völlig in Abrede stellen muß! Entsprechend hoch ist die Wahrscheinlichkeit, auf den letzten Metern hinab über den Haufen gefahren zu werden. Was mir auch diesmal fast widerfuhr – hätte ich mich nicht mit einem schnellen Sprung in Sicherheit gebracht. Laut fluchend, versteht sich!

Wie lange war ich jetzt eigentlich schon wieder in diesem Land?

Endlich erreichte ich, mittlerweile leicht disphorisch, den Chinesen meines Vertrauens. Wie immer wurde ich sehr freundlich empfangen, mittlerweile kannte man mich als Stammkunden. Und wieder bekam ich einen hervorragenden Platz zugewiesen, was in der Vergangenheit häufig mit den neidvollen Blicken der Eingeborenen quittiert wurde. Tja, hier hielten die *gaijin* der verschiedenen Länder offenbar zusammen, von nah-und-fern kommend und dem japanischen Inselstaat ausgeliefert. Oder sollte dieses Restaurant etwa auch schon von Japanern unterwandert sein? Ein Gedanke, der mich schnell verlassen sollte, um mir den Abend nicht vollends zu verderben.

Jedenfalls war das erste, eiskalte Bier vom Faß wie immer köstlich, ein willkommener Einstieg in den wohlverdienten Feierabend. Das mußte man den Japanern lassen, das Bier, das sie brauten, war schon exzellent, keine Frage! Aber möglicherweise wurde es ja auch im nahen China in Lizenz gebraut – durchaus eine denkbare Variante, wie mir scheinen wollte. Bei der Durchsicht der Speisekarte, die mit leicht fasslichen Abbildungen und zusätzlich auch mit einer englischen Beschreibung der Gerichte versehen war, stieß ich auf die „Peking-Ente", in der mittleren Kategorie mit 3400 Yen (circa 24 €) nicht gerade billig. Aber der Gedanke an die prallen, rot lackierten Vögel in den Fenstern der „China-Towns" dieser Welt ließ mir förmlich das Wasser im Munde zusammen laufen. Sehr wahrscheinlich kam das Fleisch fein geschnitten und in knuspriger Kruste daher, reichlich und hübsch dekoriert. Und mittlerweile hatte ich einen Bärenhunger – kein Wunder bei dem, was ich heute geleistet hatte!

Was mir dann nach etwa dreißig Minuten Wartezeit und einem weiteren Bier serviert wurde, entsprach allerdings kaum meinen Erwartungen. Auf dem ersten der beiden riesigen Teller fand ich zweierlei fein geschnittenes Gemüse und eine Spirale etwa Handteller-großer Crêpes. Auf dem zweiten waren etwa fünfzehn halb so große Flecken gerösteter Entenhaut – zur besseren Entfernung des subkutanen Fetts auf jeweils einem Stück Kroepek angeordnet. Komplettiert wurde der Gang durch ein Schüsselchen dunkler chinesischer Bohnenpaste. Die geduldige junge Chinesin, die mir aufgetragen hatte, erklärte mir, daß ich jeweils ein paar der Gemüsestreifen auf einen Crêpe legen und mit der Bohnenpaste garnieren müsse. Darauf käme dann ein Stück Entenhaut und der Crêpe würde zusammengerollt in den Mund geschoben. Wo denn die Ente sei, fragte ich mein Gegenüber. Wortlos entfernte sich die Dame, brachte mir dann aber doch das Bier, das ich auf diesen Schreck hin den andere folgen ließ.

Zugeben, rein kulinarisch hatte das Ganze schon seinen Reiz! Aber auf die Fragen, die mein Magen an mich richtete, konnte ich nur sehr ausweichend Antwort geben. Immer hatte ich in diesem Restaurant gut und reichlich gegessen, immer. Und jetzt dies, ein klarer Verrat! Wem konnte man in diesem Land überhaupt noch trauen? Den Chinesen offenbar nicht, das wurde mit zunehmend klar. In diesem Zustand ethnischer Diaspora, erschien mir der japanische Inselstaat plötzlich wieder in gewohntem Licht. War es nicht einzig das japanische Bier, das mich an diesem Abend halbwegs über Wasser gehalten hatte? Nach der unfreundlichen Attacke der feigen Chinesen? Ich will nicht ausschließen, daß der reichliche Biergenuß des Abends in Kombination mit den Schwächungen der Askese mein Weltbild trübte. Jedenfalls fand ich mich schließlich auf der Brücke über den *Otogawa* wieder, im Angesicht der Lichter meines geliebten *Okazaki*. Und mit einem zufriedenen Lächeln auf den Lippen.

die Putz-Brigade

Die gemeinsamen Messungen gingen weiterhin gut voran und in den ersten beiden Wochen hatten Tomohiro und ich einen ersten verläßlichen Abriß der Signalwege in HeLa-Zellen gewonnen – der unter osmotischem Streß zur Aktivierung unseres Ionen-Kanals führt. Schnell wurden weitere Hemmstoffe/Aktivatoren geordert, um das Bild abzurunden. Schließlich war der gemeinsame Plan, in diesen sechs Wochen meines Aufenthalts in *Okazaki,* die Daten für eine komplette Publikation zusammenzubekommen – und mit diesem Erfolg zu glänzen.

Eine Trübung meines Wohlbefindens und eine gewisse Dramatik für die Arbeit der gesamten Abteilung des NIPS ergab sich am Montag der folgenden Woche allerdings durch den Angriff der unglaublichen Putz-Brigade, die mit schöner Regelmäßigkeit etwa viermal pro Jahr ins Haus steht. Schon am Freitag zuvor hatte sie ihren Einsatz durch das vorbereitende Deponieren spezieller großformatiger Gerätschaften im Treppenhaus- und Aufzugsbereich der Etage angekündigt. Diese gefürchteten Elite-Reiniger, alle männlich und acht bis zehn an der Zahl, erinnern – bis auf die Farbe ihrer uniformen Overalls (lindgrün) – sehr an das Auftreten gewisser afrikanischer Wander-Ameisen. Mit der ersten Welle kommen übergroße Industrie-Sauger zum Einsatz, die – weil nicht anders zu bändigen – von jeweils zwei der grünen Söldner bedient werden müssen. Dem folgt dann die zweite Formation, die alle Böden der Abteilung unter Verwendung eines ausgefuchsten Schlauchsystems mit einer übelriechenden Flüssigkeit überzieht, etwa 0 bis 5 cm hoch/tief, je nach Beschaffenheit der jeweiligen lokalen Unebenheiten. Die Abfuhr des geheimen Elixiers erfolgt schließlich – man höre und staune – auf rein physikalischem Wege mit der dritten Welle. Und zwar kommen hierzu mannshohe Ventilatoren zum Einsatz, die etwas an die Antriebe der Schnellboote erinnern, mit denen unsere amerikanischen Freunde in den „Everglades“ die Alligatoren bügeln.

Da bleibt keine Zelle heile; gute Kollegen streiten sich bis aufs Messer bei der Wiederbeschaffung ihrer wertvollen Versuchsprotokolle; teure Notebooks schwirren wie Geschosse durch die Luft und erschlagen ihre deutschen Besitzer. Nach drei bis vier Stunden schließlich ist der Spuk vorüber – und langsam, sehr langsam erholt sich die Abteilung wieder, kehrt zu ihren normalen Geschäften zurück.

Natürlich ist das Ganze ohne jeden Wert, bei allen laufen die Versuche in der ersten Zeit nach erfolgter Attacke schlecht. Schließlich ist es – wie jeder Forscher weiß – erst die gewisse Patina, die einen guten Aufbau ziert und die sich nur ganz allmählich wieder einfinden will – die schließlich einen Versuch reproduzierbar macht. Bis zum nächsten Mal denn, wenn die unglaublichen Elite-Reiniger wieder zuschlagen werden...

Danielas Ankunft

Nun war es also endlich soweit – nach fast vier Wochen der Trennung hatte sich meine liebe Frau auf den Weg gemacht, mir nach Japan zu folgen. Es war kurz nach elf Uhr am Freitagmorgen und ich saß mit einer dunkelroten Rose in der Hand am Bus-Terminal von *Higashi Okazaki.* Daniela hatte mich telefonisch instruiert, daß sie – gegen 9:00 Uhr glücklich in *Nagoya* gelandet – die Zollkontrollen in gestrecktem Galopp passiert und gerade noch den Shuttle-Bus nach *Okazaki* erreicht habe; der wohl etwas mehr als eine Stunde für den Transfer benötigen würde.

Fast zwei Stunden hatte ich am Vorabend darauf verwendet, das Apartment wieder in einen frauenwürdigen Zustand zu versetzen. Neben der Entsorgung gewisser Verpackungsmaterialien beinhaltete dies zunächst den konzentrierten Einsatz einer ganzen Reihe von Detergenzien in wäßriger Lösung. Desweiteren erschien es mir angezeigt, wieder einen etwas formelleren Lebensstil an den Tag zu legen – also von meinem geliebten Pragmatismus Abschied zu nehmen, der mir das Leben in den vergangenen Wochen so sehr vereinfacht hatte. Beispielsweise erschien es mir bis dato deutlich einfacher, die Leibwäsche beim morgendlichen Ankleiden direkt von einem der praktischen kleinen Wäschetrockner zu beziehen, auf die ich von den verschiedenen Sitzgelegenheiten des Apartments aus einen ausgezeichneten Zugriff hatte – anstatt sie nach Trocknung zuerst abzunehmen, vielleicht noch glattzustreichen, dann umständlich in den Schränken zu verstauen und endlich bei Bedarf aus diesen wieder hervorzukramen.

An jenem denkwürdigen Freitag hatte ich den Arbeitstag bereits um 7:30 Uhr begonnen. Und zwar mit sehr gutem experimentellen Erfolg, denn als ich mich auf den Weg zur Bus-Station machte, lagen bereits sechs verwertbare Messungen hinter mir. Das war auch gut so, denn der Nachmittag sollte vor allem Daniela gehören.

Und da saß ich nun wartend auf einem der wenigen Sitzplätze am Bus-Terminal von *Higashi Okazaki.* Erstaunlich lange war der Platz neben mir frei geblieben. Schließlich wurde er jedoch regelrecht umkämpft, als eine sehr gebrechliche Dame in den Neunzigern sich mit merklicher Vorfreude – aber in einem wahren Schneckentempo – auf den Sitz zubewegte. Denn eine um dreißig Jahre jüngere Japanerin schlug die Alte dann doch noch um eine klare halbe Länge – worauf sie sich mit triumphierender Miene neben mir aufpflanzte. Ohne mit der Wimper zu zucken, während die arme Greisin sich mit einem verzagten Seufzer langsam wieder auf ihren beschwerlichen Weg machte. Nicht besonders höflich, wie ich fand – aber diese etwas besondere Art des Umgangs mit alten Menschen hatten wir in Japan schon des öfteren beobachten können.

Während Daniela weiter auf sich warten ließ! Und mir langsam klar wurde, daß ich mich mit der Blume in der Hand – aus japanischer Sicht – wohl in eine ziemlich exponierte Situation begeben hatte. Nach reiflicher Überlegung wurde mir nämlich zunehmend klar, daß ein Japaner sich wohl nie zu einem solch massiven Gefühlsausbruch hätte hinreißen lassen. Man stelle sich vor: eine dunkelrote Rose – erstens in der Öffentlichkeit, zweitens wegen einer Frau, drittens überhaupt. Wie peinlich!

Aber es kam noch schlimmer, viel schlimmer! Denn endlich traf der Bus mit Daniela ein und, als die Tür sich öffnete, lagen wir uns voller Rührung in den Armen – für lange Zeit und unter den Augen der ungläubig staunenden Japaner!

Ein Taxi war schnell gefunden und der freundliche Fahrer fuhr uns mit Danielas schwerem Koffer zur *Mishima*-Lodge. Und auch meine Frau freute sich sehr, wieder „zuhause" in Japan zu sein, das merkte ich ihr wohl an. Pfeif was auf die Männer-Wirtschaft – es geht doch nichts über eine Frau im Haus, dachte ich bei mir! Auch wenn sich im Apartment nach einem halben Tag gar nichts mehr wird finden lassen – weil jeder Gegenstand, jedes Utensil durch frauliche Hand einen viel sinnreicheren Platz gefunden haben wird, als ein männlicher Verstand ihn sich je hätte ersinnen können!

Was sich allerdings nicht unbedingt unter meinen Augen vollziehen mußte, wie ich mir dachte. Also ging ich zurück ins Institut – Daniela würde dann in einer Stunde nachkommen und zu unserer Mittagsrunde stoßen. Tatsächlich nutzte ich zurzeit jede verfügbare Minute, um das Projekt weiter voranzutreiben. Die eigentlichen Versuche waren zwar bis auf wenige Serien abgeschlossen, aber mittlerweile schob ich bereits einen riesigen Berg von Auswertungen vor mir her – und die wollte ich unbedingt noch hier in *Okazaki* zum Abschluß bringen. Denn in Dortmund würde ich nach sieben Wochen Abwesenheit vom eigenen Labor sicher nicht so schnell dazu kommen.

Tatsächlich ließ sich der Zeitpunkt von Danielas Ankunft im NIPS selbst von meinem etwas abgelegenen Büro aus präzise verfolgen – auf der Basis jener Vielzahl akustischer Einzelphänomene eben, die auch ihren weiteren Weg durch die Abteilung begleiteten sollten. Ein bißchen eifersüchtig war ich schon ob dieser überaus herzlichen Begrüßung, aber mit den Jahren war meine Frau in Yasus Abteilung natürlich bestens bekannt – und nicht zuletzt wegen ihrer deutschen Backspezialitäten ausgesprochen beliebt. Was natürlich in keiner Weise das verspätete Eintreffen in unserer Mittagsrunde am heutigen Tage entschuldigte! Aber Yasu wartete geduldig, schien deutlich mehr Zeit für Daniela zu haben als seinerzeit für mich. Und Ravshan war sowieso ein spezieller Fall, hatte er meine Frau doch seit drei Jahren nicht gesehen. „Honi soit qui mal y pense!“

Ich hielt mein Versprechen, beendete den Arbeitstag gegen drei Uhr. Es war ein herrlicher Spätsommertag bei fast dreißig Grad und wir begannen den Nachmittag mit einem langen und ruhigen Spaziergang hinunter in die Stadt, unter stahlblauem Himmel und bei herbstlich warmen Farben, vorbei an unseren gemeinsamen Favoriten, sehr genau so wie ich den Weg vor fast vier Wochen alleine gegangen war. Dann standen natürlich auch Besuche in den verschiedenen Kaufhäusern an, in die Daniela sich förmlich versenken konnte – zum Teil ausgesprochen edel und mit internationalem Flair, dann aber auch mit traditionellen Bereichen, wie dem des freundlichen alten Messerschmiedes, der uns über fast zwanzig Minuten die Qualität seiner einzelnen Produkte im Detail nahebrachte, ohne im mindesten zu erwarten, daß wir tatsächlich etwas kaufen würden. Die tatsächliche Krönung einer solch kommerziellen Tour war allerdings – wie jedes Mal – der Einhundert-Yen-Shop in „Downtown“-*Okazaki.* In diesem Laden, der etwa die Hälfte der ersten Etage des Kaufhauses *Cibico* einnimmt, kostet jeder Artikel – wie der Name schon sagt – präzise einhundert Yen, was umgerechnet etwa siebzig Cent entspricht. Allerdings sind die meisten Artikel, die zu diesem Preise angeboten werden, von durchaus beachtlicher Qualität. So etwa die Lesebrillen, die in Abstufungen von einer halben Dioptrie und mit verschiedenem Design erhältlich sind, oder etwa einfache Werkzeuge und alle möglichen Schrauben, Haushaltsmesser und Plastikboxen, etc. etc. Was uns an diesem Nachmittag allerdings besonders ins Auge stach, war eine etwa zwanzig Zentimeter hohe Mori-Statue, den beeindrukkenden Originalen aus der Südsee durchaus ähnlich, aber eben aus einfachem dunkelbraunen Ton gebrannt – und natürlich nur einhundert Yen teuer.

Der Grund unserer kindlichen Begeisterung hatte indirekt mit der Einladung Yasus und seiner lieben Frau in deren neues/altes Heim in *Okazaki* zu tun, die für eines der nächsten Wochenenden zu erwarten war. Bei der Immobilie handelt es sich um ein wirklich bezauberndes Haus im klassisch-japanischen Stil, von einem reizenden kleinen Garten passender Façon umgeben – und etwa zwanzig Minuten zu Fuß, sechs Minuten mit dem Taxi, vier Minuten mit Yasus Auto von „Downtown"-*Okazaki* entfernt. Yasu war von Anfang an von dem Projekt begeistert gewesen, allerdings fand der erste und einzige Besichtigungstermin vor Abschluß des Kaufvertrages in früher Abenddämmerung statt – und vis-à-vis des Okada'schen Hauses befindet sich nun schon seit längerem ein Restaurant, das sich auf die polynesische Küche spezialisiert hat; und das sich auf seinem kleinen Parkplatz aus Gründen der Kundenwerbung mit einer gewaltigen Mori-Statue schmückt – in der Dämmerung zwar kaum auszumachen aber am Tage und während der abendlichen Geschäftszeiten – weil angestrahlt – weithin sichtbar. Unglücklicherweise grinst jene Statue nun überlebensgroß und Tag-wie-Nacht genau in das Schlafzimmer der Okadas hinein – was der Beziehung bis jetzt aber offenbar nicht besonders geschadet hat. Jedenfalls verstanden wir unser Geschenk aus dem Einhundert-Yen-Shop quasi als spiritistischen Kontrapunkt zu seinem Pendant am polynesischen Restaurant. Oder – wenn denn letztlich in Yasus Büro plaziert – als Möglichkeit, ihm an langen Abenden das Gefühl heimischer Geborgenheit zu vermitteln. Nebenbei bemerkt, handelte es sich bei der Statue natürlich nicht um unser einziges Geschenk für Yasu und seine Frau!

Mittlerweile war es früher Abend geworden und langsam wurden wir hungrig. Das Lokal unserer Begierde war schließlich das relativ neue und durchaus exklusive Fischrestaurant, das genau gegenüber des Busbahnhofes von *Higashi Okazaki* gelegen ist. Zugegebenermaßen hatte ich mich bisher und alleine nicht in diese Gaststätte hineingewagt – was sich durch die rein japanische Speisekarte erklärt, die außen angeschlagen ist und mit der ich so gut wie nichts anzufangen wußte. Aber Einigkeit macht bekanntlich stark und unser Wiedersehen am heutigen Tage hatte uns außerdem in eine leicht euphorische Stimmung versetzt – was uns aber letztlich in keinster Weise zum Nachteil gereichen sollte...

Allerdings war das Restaurant mittlerweile bummvoll – schließlich war es Freitagabend und die gesamte japanische Geschäftswelt mit ihrem „TGIF (Thank God – It's Friday!") beschäftigt. Typischerweise wird zu dieser Zeit der Woche besonders fleißig getrunken und zwar mit den Kollegen in mehr-oder-minder großen Populationen, die durchaus nicht nach den Geschlechtern getrennt sein müssen – woraus sich gelegentlich ausgesprochen pikante Szenarien ergeben. Aber was wird in Japan nicht alles für die Harmonie einer Firma getan? Jeweils das rangniedrigste Männchen einer Gruppe ist bei solchen Gelegenheiten für die Versorgung mit Bier verantwortlich, das mit gewaltigen „Pitchers" (Kannen aus Glas) ausgeteilt wird – ein weiteres kulturelles Juwel, das unsere amerikanischen Freunde diesem Land hinterlassen haben. In der Regel beginnt der Spuk noch vor sechs Uhr abends und ist spätestens gegen neun Uhr wieder vorbei – und kein Japanreisender sollte sich dieses Spektakel entgehen lassen! Allerdings sind Platzreservierungen meist dringend erforderlich – auch in Lokalen, die außerhalb solcher Stoßzeiten einen ausgesprochen harmlosen Eindruck machen sollten.

Die letzten Plätze, die uns das freundliche Personal überhaupt noch anbieten konnte, befanden sich am „Counter", also an einer Art Theke, die viele japanische Restaurants zum Küchenbereich hin abgrenzt. Linkerhand waren zwei Japaner gereifteren Alters – ausgesprochen bodenständig gewandet und lediglich im rein biologischen Sinne männlich – in sehr intensiver Weise miteinander beschäftigt. Rechts von den letzten vier verfügbaren Plätzen saßen zwei sehr gepflegte Geschäftsleute in allerfeinstem Zwirn nebeneinander, ohne zunächst auch nur ein einziges Wort miteinander zu wechseln. Interessanterweise waren beide Gruppierungen nun gleichermaßen darauf bedacht, daß meine Frau und ich nicht etwa auf den Einfall kämen, einen Platz in ihrer direkten Nachbarschaft einzunehmen – obwohl dies theoretisch einer weiteren Zweiergruppe hätte Raum geben können. Und so saßen wir letztlich in dem geforderten respektvollen Abstand zur vermeintlichen Hochfinanz von *Okazaki* einerseits, und zu zwei knutschenden Homosexuellen in den besten Jahren andererseits, die alle auf gar keinen Fall etwas mit uns zu tun haben wollten. Was sich dann mit zunehmendem Alkoholverzehr natürlich wieder umkehrte – weil Libido wie Etikette letztlich doch gewillt waren, quasi im Schulterschluß einer bierseligen Weltoffenheit platzzumachen, die mit der üblichen Neugierde gepaart war. Aber jetzt waren wir auch nicht mehr an Konversation interessiert – man kann eben schon einiges erleben beim TGIF in Japan, wie gesagt!

Jedenfalls war die Auswahl der Speisen überhaupt kein Problem – was zunächst an den reichlich illustrierten Speisekarten lag, die im Inneren des Restaurants verfügbar waren, dann aber auch an dem ausgesucht netten und jungen Personal. Und die Qualität der Speisen übertraf schließlich bei weitem jede Erwartung. Gegrilltes Fleisch von Riesenkrabben, Fischfrikadellen und -kroketten, *tenpura, ebi furai,* ja selbst *yakitori* – alles von exzellenter Qualität. Krönung war allerdings das große *sashimi,* das uns in der Tat in nicht zu überbietender Frische unter die Augen kam. Schon beim Betreten des freundlich modernen und edel ausstaffierten Lokals waren uns die großen Aquarien im Eingangsbereich aufgefallen – bevölkert von einer Unzahl an Weißfischen. Und einer von diesen war nun auch die Basis für das sehr frische *sashimi* – das auf einem großen Teller üppig daherkam, hübsch angerichtet mit den Resten des Fisches, also Kopf, Gräte und Schwanz. Wobei selbige Reste allerdings nach kurzer Zeit in ein ausgesprochenes Eigenleben verfielen, das noch über zehn Minuten anhalten sollte. „Das sind doch nur Reflexe!“ wußte Daniela. Und ich zitierte das von mir schon früh in *Okazaki* geprägte und bei den Kollegen so beliebte Sprichwort: „*Sashimi* ist nur solange frisch, wie sich daran Ionen-Kanäle ableiten lassen!“ Alter Witz eines gereiften Elektrophysiologen – nicht mehr und nicht weniger.

Takayama und Shirakawago

Der erste gemeinsame Wochenendtrip sollte Daniela und mich über *Takayama* nach *Shirakawago* führen, beide in den japanischen Bergen gelegen und beide Weltkulturerbe der UNESCO. *Shirakawago* ist als kleines authentisches Bauerndorf von vielleicht fünfzig Häuschen bekannt – allesamt mit Ried gedeckt – und eines davon sollte uns denn auch als Nachtquartier dienen. Auf *Shirakawago* waren meine Frau und ich besonders gespannt, denn *Takayama* hatten wir schon damals besucht, im Rahmen meines ersten Japan-Aufenthaltes im Jahre 2002.

Seinerzeit waren wir mit dem Zug von *Nagoya* nach *Takayama* gefahren – was zwar doppelt so teuer ist wie die vergleichbare Busfahrt – aber auch ein unglaubliches Erlebnis. Denn über weite Bereiche verläuft die Fahrt mit dem Luxuszug an Gebirgsflüssen entlang, einer schöner als der andere und in Farben von tiefblau bis leuchtend türkis – und dabei ergeben sich Perspektiven in wirklich einmaliger Landschaft, die einem jeden Photographen den Atem nehmen. Knappe drei Stunden dauert die Fahrt und davon ist jede Minute ein wahrer Hochgenuß.

Allerdings ist *Takayama* dann ein ebensolches Erlebnis, mit all seinen alten traditionellen Häusern, fast alle aus Zedernholz gebaut und mit den typischen kunstvollen Dächern versehen – so wie man es eben von den Japan-Prospekten kennt. Damals-wie-heute führte uns der Weg als erstes in eines der typischen Restaurants, in denen – als lokale Spezialität – eine besondere Art von Rindfleisch angeboten wird, das „*Hida*-Beef“. Mit seiner feinen Fett-Maserung ist es dem „*Kobe*-Beef“ durchaus ähnlich, von dem berichtet wird, daß es sämtlich von glücklichen Viechern stammt, die auf satten Blumenwiesen reichlich Bier zu saufen bekommen – und mit demselben auch noch täglich über Stunden massiert werden. Was natürlich sofort den wahrhaft astronomischen Preis für dieses Fleischprodukt erklärt. Die besondere Art, in der das *Hida*-Beef von *Takayama* zubereitet wird ist die, daß es auf einem kleinen Ton-Stövchen und einem *hôba*-Blatt in dunkler *miso*-Paste (aus speziell fermentiertem *soja*) am Tisch gegrillt daherkommt, und zwar zusammen mit köstlichen Pilzen und

Straßenszene in Takayama

Gemüsen der Region – eine unglaubliche Delikatesse, die sich höchstens noch mit einem eiskalten japanischen Bier vom Faß krönen läßt.

Während wir uns diesmal nur auf der Durchreise befanden, war im Jahre 2002 die Übernachtung im *ryokan „Asunaro"* in *Takayama* – eines der traditionellen japanischen Gasthäuser oberster Kategorie – das absolute Highlight unserer Tour. Damals war es das erste Mal, daß wir uns zu einem solchen Erlebnis hinreißen ließen – was allerdings auch ein wenig mit den geforderten Preisen zusammenhing, die für zwei Personen und eine Nacht bei etwa 45.000 Yen (ca. 320 €) lagen – aber mit traditionellem Abendessen und Frühstück, versteht sich.

Im nachhinein allerdings wirklich nicht zu teuer, denn alles an diesem *ryokan* war ganz einfach zauberhaft! Von außen eher in schlichter Eleganz gehalten, entpuppte die Bleibe sich von Innen als das reinste Juwel – in klassisch-japanischem Stil gehalten und die

ein Tempel in Takayama

Zimmer nur mit den teuersten Materialen ausstaffiert, angefangen bei den feinen *tatami,* über die wunderschönen Bildrollen und die *ikebana*, bis hin zur edlen Feuerstelle für die Tee-Bereitung. Und das alles in völliger Schlichtheit – mit der Möglichkeit zur Besinnung nämlich, zur Konzentration auf das Wesentliche.

Allerdings schließt ein solches Refugium eine Toilette und ein eigenes Bad nicht etwa ein. Denn letzteres, zum Beispiel, wird auf die rein japanische Weise zelebriert, zwar nach Geschlechtern getrennt – aber ansonsten eben gemeinsam! Nicht gerade schüchtern, aber doch mit einer gewissen instinktiven Vorsicht hatte ich bereits kurz nach Beziehen unseres Zimmers gegen 17:00 Uhr einen prüfenden Blick in das japanische Bad des *ryokan* riskiert – und dabei keine einzige Menschenseele ausmachen können. Also schwang ich mich kurzerhand in die bereitgestellte *yukata* (den japanischen Sommer-Kimono) und machte mich nur mit dieser bekleidet – und mit den ewig knappen Plastik-Schlappen an den Füßen – auf den Weg zu meiner ersten zeremoniellen Reinigung. Beherzt betrat ich das japanische Bad – und sah mich auf einen Schlag von etwa zwanzig nackten Japanern umgeben, die bis dahin lautstark den Freuden des gemeinsamen Bades nachgegangen waren. Mit meinem Eintreffen allerdings machte sich eine wahre Totenstille breit, jedes Gespräch erstarb, nur hie-und-da ließ sich noch das leise Plätschern von Wasser vernehmen – was mich insgesamt natürlich schon etwas verunsicherte. Doch es half alles nichts, ich mußte durch diese peinliche Situation hindurch! Weltmännisch entledigte ich mich meiner Bekleidung – was wiederum den Ausdruck nackten Entsetzens in die Gesichter meiner japanischen Zeitgenossen trieb. Nicht etwa aufgrund eventueller anatomischer Besonderheiten, wie der geneigte Leser vielleicht vermuten möchte. Nein, es war einzig die fundamentale Sorge der Japaner, ob jener *gaijin* denn auch wisse, daß die Götter dieses Landes vor ein jedes Betreten des geliebten *o furo* (des großen Beckens mit dem sehr heißen Wasser) eine ausführliche Waschung des Einzeln gesetzt hatten.

Nun, die Herrschaften konnten bedient werden – schließlich war Mann in jeder Beziehung Herr der Lage! Ich begab mich also an einen jener typischen Waschplätze, die – rein klempnermäßig gesprochen – an die Armaturen über deutschen Badewannen erinnern und als solche mit Handbrause/Hahn und der entsprechenden Technik für dic Wasser-Temperierung ausgestattet sind. Allerdings befindet sich die gesamte Mimik nur etwa einen halben Meter oberhalb des Bodens – gerade passend eben zu den niedrigen Bambushockern, auf die man sich für die Prozedur niederläßt. Um dann alsbald aus allen Rohren mit einer Waschung zu beginnen, daß kein Auge trocken bleibt. Sehr beliebt sind hierbei – neben dem Einsatz einer Unmenge von Flüssigseifen und Wurzelbürsten – kleine Waschschuber von zwei bis drei Litern Inhalt, die man sich nach der Befüllung in gekonntem Schwall über Kopf und Körper gießt. Und hierbei gehört es durchaus zum guten Ton, die nähere Umgebung mit einzubeziehen – schließlich heißt das Ganze ja „Gemeinschaftsbad".

Nach knappen zehn Minuten beendete ich dann die Reinigung meiner Person und offenbar schienen die anwesenden Herren zunächst einmal durchaus mit mir zufrieden. Mittlerweile hatte sogar wieder eine allgemeine Unterhaltung eingesetzt, wenn auch deutlich verhaltener als zuvor. Irgendwie hatte ich aber den Eindruck, daß sich meine Bade-Genossen sehr mit dem Gedanken beschäftigten, ich könnte letztlich tatsächlich mit in den *o furu* steigen wollen. Was ich dann natürlich auch tat – zum einen wegen des erheblichen Genusses, den ich mir von diesem Erlebnis versprach. Dann aber auch aus einer gewissen Verärgerung heraus – denn mir war völlig unverständlich, warum meine Anwesenheit im Gemeinschaftsbad für die japanischen Zeitgenossen problematisch sein sollte. Unter schwärenden Wunden oder äußerlichen Infektionen schien ich wohl nicht zu leiden – aber vielleicht war man sich da ja auch nicht so ganz sicher...

Komplexe darf man also nicht haben, als Fremder in so einem japanischen Bad. Und vielleicht würden Unsicherheiten ja auch als ein indirektes Indiz für ein verstecktes Leiden mißverstanden, dachte ich bei mir. Nach wenig mehr als zehn Minuten verließ ich jedenfalls den *o furo* – wohlig entspannt und mit selbstbewußt erhobenem Haupt.

Im Prinzip machte meine liebe Frau mit ihrer Damenriege ähnliche Erfahrungen – auch sie fühlte sich in diesem sehr intimen Bereich der japanischen Kultur nicht unbedingt freundlich aufgenommen. Allerdings zeigten die Damen sich insgesamt doch etwas toleranter – wie man es schließlich auch für fast jeden Ort der Welt vom schönen Geschlecht erwarten würde.

Insgesamt fühlten Daniela und ich uns nach diesen Erfahrungen ausgesprochen gut. Zum einen war das Bad als solches natürlich ein kulturelles Erlebnis erster Güte. Und zum anderen haben wir uns selten entspannter gefühlt als nach dieser unglaublichen Prozedur. Allerdings waren wir mittlerweile auch hungrig geworden, sehr hungrig!

Aber in unserem großzügig-eleganten Zimmer war auch schon alles für das intime Dinner zu zweit vorbereitet – und was uns dann tatsächlich aufgetragen wurde, läßt sich mit Worten kaum beschreiben. Insgesamt mögen es wohl an die zwanzig verschiedene Schälchen, Teller und Stövchen gewesen sein, in denen die Köstlichkeiten der Region auf uns warteten, manche vor sich hin brutzelten. Natürlich war auch wieder eine Portion „*Hida*-Beef" mit *miso* Teil des Menüs (Gott-sei-Dank!), dann verschiedene Sorten von Fisch inklusive eines wahrhaft königlichen *sashimi* (und das in den japanischen Bergen!), vielerlei Gemüse und Pickles – und zum Abschluß die obligate *miso*-Suppe. Selbstredend gehörte auch wieder eine sattsame Menge japanischen Bieres zum Mahl – und, um das kulinarische Erlebnis letztlich perfekt werden zu lassen, auch eine gute Portion *sake.* Herz, was begehrst Du mehr?

Nun waren wir eigentlich nur noch müde, sehr müde! Dienstbare Geister räumten schnell die Reste des Abendessens fort und in kürzester Zeit waren die *futon* für das Nachtlager ausgebreitet. Bevor wir uns wohlig in dasselbe hineinkuscheln konnten, stand allerdings noch der abendliche Gang zur Toilette an. Und auch der ist in einer solch klassischen Herberge eine Besonderheit.

Bekanntermaßen tauscht jeder Besucher eines japanischen Hauses in dessen Eingangsbereich seine Straßenschuhe gegen irgendeine Form von Hausschuhen – dies können zu einen die klassischen *geta* sein (jene Holzsandalen mit den beiden querliegenden Streben, auf denen sich jeder *gaijin* bei seinen ersten Gehversuchen fast den Hals bricht), oder aber die allgegenwärtigen Plastikschlappen, in einladend hellem Braun gehalten und mit einer Einheitsgröße von schätzungsweise neununddreißig. Wobei der Gebrauch letzterer Variante für den normalgewachsenen Europäer eine beklemmende Enge im vorderen und eine sehr direkte Bodenhaftung im hinteren Bereich des Fußes mit sich bringt – was wiederum der persönlichen Fortbewegung in japanisch-edlem Ambiente jedwede Eleganz nimmt. Bei Betreten des inneren Bereiches eines *ryokan,* also des eigenen Zimmers zum Beispiel, entledigt man sich auch der Hausschuhe und bewegt sich entweder barfuß oder auf Socken weiter. Man erreicht somit eine weitere Stufe der Hygiene – und schont außerdem die kostbaren *tatami.* Der Gang in den Toiletten-Bereich eines japanischen Gasthauses gestaltet sich nun so, daß man zunächst beim Verlassen des Zimmers in die Plastikschlappen steigt, die draußen vor der Tür auf ihre Benutzung warten – gemeinerweise meist entgegen der angestrebten Fahrtrichtung (was dann ganz einfach auf die eigene Nachlässigkeit beim Betreten des Zimmers zurückführen ist). Wenn man nun den Toiletten-Raum erreicht hat, wird dort in Urin-gelbe Schlappen umgestiegen, die bereits (in Fahrtrichtung) auf den Gast warten und aus denen man natürlich beim Verlassen des Sanitärbereiches auch wieder herausschlüpfen muß. Ohne ernstzunehmende Verrenkungen oder gar Stürze ist das Ganze grundsätzlich nur dann zu bewerkstelligen, wenn man jeden Bereich des Hauses jeweils rückwärts verläßt – also mit einem gezielten Schritt nach hinten, von der einen in die andere Pantine hinein. Es ist kaum der Rede wert, daß sich ein solch kompliziertes Manöver unter Alkoholeinfluß noch wesentlich schwieriger gestaltet. Was natürlich auch (oder besonders) für den japanischen Gast von Bedeutung ist – wie oft haben meine Frau und ich nächtens irgendwelche menschlichen Körper hart auf den Holzboden eines *ryokan* aufschlagen hören. Und wie oft haben wir die Plastik-Schlappen jedweder Couleur am nächsten Morgen in totaler Unordnung vorgefunden. Nebenbei bemerkt, möchte ich mich über die gewählte Farbe für die Toiletten-Schlappen nicht besonders auslassen – es sei hier nur soviel gesagt, als daß sie dem japanischen Sinn für Pragmatismus sehr entgegen kommt...

Der nächste Morgen – nach herrlich entspannter Nacht – begann dann natürlich wieder mit einem Toilettengang sowie den üblichen Prozeduren einer zivilisierten Körperreinigung. Diese werden in einem *ryokan* typischerweise mit den anderen Reisenden gemeinsam an nebeneinander liegenden Waschtischen vorgenommen, etwa in der gleichen Art, wie man es von den europäischen Campingplätzen her kennt – hier in Japan allerdings nicht nach den Geschlechtern getrennt.

Die Frage, ob wir ein Frühstück auf europäische oder auf traditionell-japanische Art und Weise bevorzugen würden, hatten Daniela und ich bereits am Abend vorher mit aller Entschiedenheit für uns geklärt und so freuten wir uns auf die zweite Mahlzeit in diesem wunderbaren *ryokan.* Diesmal mit den anderen Gästen zusammen in einem großen saalähnlichen Speisezimmer von beeindruckender Schlichtheit und Eleganz, aber jedes Paar/jede Familie für sich am eigenen *tsukue,* jenem klassisch-japanischen Tisch niedriger Bauart, vor dem man nur auf kleinen Kissen am Boden sitzt – immer bemüht, den Oberkörper ohne größere Verkrampfung der körpereigenen Filets in einer halbwegs geraden Position zu halten und gleichzeitig die eigenen Beine in irgendeiner Art und Weise zu verstauen. Denn die traditionelle Art des Kniens vor den Tischen ist für den *gaijin* ausgesprochen quälend – und auch die meisten Japaner hassen sie, nach spätestens dreißig Minuten jedenfalls.

Allerdings war die Malzeit selbst wieder ein einziges Erlebnis mit den kleinen gegrillten Forellen am Spieß, dem „*Hida*-Beef" in *miso*

(Gott-sei-Dank schon wieder!), einer Vielzahl gedünsteter Gemüse (zum Teil in jener Sesam-Soße, die wir beide so lieben), gestocktem Ei, Pickles, Reis und der obligaten *miso*-Suppe (zu jeder Tages- und Nachtzeit einfach köstlich). Alles war von nicht zu überbietender Qualität und Frische, ein wahres Fest für die Sinne.

Im Jahre 2002 hatte *Takayama* mit dem Besuch des *ryokan* zu den sechs Hauptattraktionen unserer Japanreise gehört – neben dem *Gion Matsuri* (dem traditionellen Festival) von *Kyôto,* dem Besuch des *Sumô*-Wettkampfes in *Nagoya,* den Sommerfestivitäten in *Okazaki* (inklusive ihres fulminanten Feuerwerks), den unglaublichen Tempeln von *Miyajima* (bei *Hiroshima* gelegen) und dem *Tai Matsuri* (dem Seebrassen-Festival) von *Minamichita.* Und in diesem Jahr sollte eben *Shirakawago* zu einem der absoluten Highlights unserer Reise werden.

Wir hatten uns für die Anreise in den sehr bequemen japanischen Überland-Bussen entschieden – die außerdem nur wenig mehr als die Hälfte der Bahnfahrt kosten. Nach einigen Tagen sehr schlechten Wetters erstrahlte *Nagoya* an diesem Samstagmorgen im Oktober unter einem stahlblauen Himmel – und es herrschten Temperaturen von etwa achtundzwanzig Grad. Gegen 9:00 Uhr ging es dann mit dem Bus Richtung Norden, in die Berge um *Takayama,* unserer Zwischenstation auf dem Weg nach *Shirakawago.* Nach dem ewigen Regen in der Woche zuvor genossen wir die Fahrt in vollen Zügen, sogen die leuchtenden Farben des japanischen Herbstes förmlich in uns auf. Befremdlich muteten allerdings die dunklen Wolken an, die immer noch die Berge zu verhüllen schienen – zwar durchaus malerisch aus der Distanz, aber irgendwie nichts Gutes verheißend.

Eine Ahnung, die sich mit Annäherung an *Takayama* leider bewahrheitete, und tatsächlich präsentierte sich das Städtchen letztlich in einem leichten Nieselregen – während zur gleichen Zeit in *Nagoya* Temperaturen von weit über dreißig Grad gemessen wurden. Ausgesprochen verdrießlich, wie wir fanden, aber was will man machen – schließlich ist alles in *Shirakawago* über Wochen im voraus ausgebucht und entsprechend frühzeitig hatten wir uns eben entscheiden müssen. Nun denn, erst einmal in eines der vielen traditionellen Lokale hinein und zwei Portionen „*Hida*-Beef“ mit *miso* bestellt – und in Kombination mit dem zugehörigen Bier vom Faß sah die Welt her-

Shirakawago

nach auch etwas netter aus. Zwar nieselte es immer noch – aber für den Moment war uns das egal.

Allerdings wurde das Wetter dann mit jedem Meter schlechter, den sich der Bus der zweiten Etappe höher in die Berge quälte, und nach mehr als zwei Stunden Fahrt mußten wir einem der schönsten Flecken, den Japan wohl zu bieten hat, bei tatsächlich schauderhaftem Wetter entgegentreten – denn mittlerweile regnete es wie aus Kannen und es war einfach saukalt. Interessanterweise standen wir diesem Problem jedoch nicht alleine gegenüber, denn auf dem riesigen Parkplatz außerhalb des Ortes waren etwa dreißig Reisebusse aufgereiht, die ihre Passagiere allesamt auf *Shirakawago* losgelassen hatten. Und die bewegten sich nun – einer Population von Blattschneideameisen ähnlich – mit ihren bunten Schirmen über Brücke und Fluß in das Städtchen hinein, durch dasselbe hindurch und schließlich wieder zurück zu den Bussen. Was dem eigentlich bezaubernden Städtchen für den Moment natürlich jedes Ambiente nahm – und unsere Laune weiter in den Keller trieb. Aber gegen fünf Uhr abends leerte sich das Feld, nur die wenigen Hausgäste blieben zurück, der Spuk hatte schließlich sein Ende gefunden. Und in diesem Moment waren wir wirklich begeistert von *Shirakawago,* einem der bezauberndsten Orte, die wir je in Japan haben besuchen dürfen. Und tatsächlich entpuppte sich unser Domizil für die Nacht denn auch als eines der schönsten Gebäude von allen, gebaut aus altem Stein und Zedernholz, mit einer dicken Lage Ried gedeckt – und mit einem hübschen Bauerngarten vor dem Eingang. Nebenbei bemerkt, wurden unter den Dächern eben solcher Häuser in früheren Zeiten auf den Blättern des Maulbeerbaumes Seidenraupen gezogen.

Also nichts wie hinein in die gute Stube, denn erstens war uns kalt und zweitens wurde das Büchsenlicht für eventuelle Aufnahmen von uns beiden für zu schlecht erachtet. Den Eingangsbereich würde ich als authentisch rustikal bezeichnen, ebenso das schlichte Zimmer, das man uns zuwies – aber schließlich war man ja auch in einem historischen Bauernhof zu Gast. Ebenso deftig fiel – bei aller gebotenen Höflichkeit natürlich – die Begrüßung durch die Wirtsleute aus, die uns außerdem zu verstehen gaben, daß das Abendessen gemeinsam mit den anderen Gästen im Speisesaal des Hauses um 18:00 Uhr eingenommen würde – und zwar pünktlich! Und wenn man vorhabe, den *o furo* zu benutzen – ein Familienbad sei durchaus erlaubt – dann möge man sich bitte beeilen, schließlich sei es bereits nach 17:00 Uhr!

Nun, das ließen wir uns nicht zweimal sagen! Nach zwei Minuten bereits bewegten wir uns im gestreckten Galopp auf den wärmsten Ort unserer Behausung zu, verriegelten die Tür („Familienbad"), warfen *yukata* und Schlappen von uns, begannen mit den heißen, sehr heißen Waschungen – herrlich, was für eine unglaubliche Wohltat! Und keine Sekunde zu früh damit begonnen, wie mir das häufige zaghafte Rütteln an der verschlossenen Tür in der Folge deutlich machte. „Der frühe Vogel fängt den Wurm!" dachte ich bei mir, während wir uns wohlig im heißen *o furo* räkelten. Ob es dieses Sprichwort wohl auch in der japanischen Sprache gab? Wer weiß?!

Die folgende Mahlzeit war reichlich und schmackhaft – natürlich nicht zu vergleichen mit einer solchen im *ryokan* von *Takayama,* aber beide Unterkünfte unterschieden sich schließlich auch um zwei bis drei Kategorien voneinander. Ingesamt waren fünf Familien zu Gast und nach etwa einer Stunde zog man sich in die jeweiligen Zimmer zurück.

In denen allerdings eine schauderhafte Kälte herrschte! Irgendjemand hatte bei der Bereitung der Bettstatt die Schiebetüren des Fensters weit geöffnet; es waren kaum mehr als fünf Grad zu verzeichnen und draußen goß es noch immer in Strömen – mit anderen Worten: Das Zimmer war kalt und klamm! Also nur schnell das Fenster schließen und den kleinen Gasofen anwerfen, auf den die Gastgeber uns schon bei unserer Ankunft – nicht ohne Stolz – hingewiesen hatten. Natürlich handelte es sich um ein japanisches Fabrikat mit der entsprechenden Beschriftung, das einen durchaus neuen und handlichen Eindruck auf uns machte. Im Prinzip wurde das Gerät mit einer kleinen Gas-Kartusche betrieben; außerdem war ein elektrischer Anschluß für Steuerung und Regelung vonnöten – der für mich als Elektrophysiologen natürlich keinerlei Problem darstellen sollte.

Allerdings ergab sich nun die Frage nach der eigentlichen Inbetriebnahme des Heizgerätes. Einzig der Thermostat-Knopf an der Seite kam uns irgendwie vertraut vor – mit den übrigen acht bis zehn Drucktasten an der Oberseite konnten wir jedoch nur wenig anfangen. Zwar waren einige *kanji* der Beschriftung durchaus zu identifizieren – aber immer wenn es spannend wurde, fehlte uns das entscheidende Schriftzeichen. In Deutschland sind vergleichbare Geräte stets idiotensicher konzipiert, dafür sorgen die technischen Prüfer unseres Landes. Und in Japan sollte so etwas kaum anders sein, oder? Andererseits fühlte ich mich an die fundamentalen Unterschiede in den Denkweisen beider Kulturen erinnert – war es vorstellbar, daß ein *gaijin* das ausgefuchste Sicherheitskonzept japanischer Heizungskonstrukteure unterlaufen könnte? Außerdem mußte ich an die vielen Todesopfer denken, die gerade solche Heizgeräte jedes Jahr in Japan fordern – ausgerechnet in der letzten Woche hatten wir am Mittagstisch ausgiebig über die Gefahren von Sauerstoffentzug und Kohlendioxid-Vergiftung diskutiert.

Wenn es nur nicht so erbärmlich kalt wäre!

Im ersten Durchlauf zeigte das Gerät jedenfalls keinerlei Reaktion auf die Betätigung der Tasten im Einzelnen. Also galt es im nächsten Schritt, entsprechende Permutationen zu testen. Und tatsächlich ließ sich binnen Kürze eine Kombination ermitteln, die den Raum mit beißendem Gasgeruch erfüllte. Schnell den Stecker gezogen und das Fenster aufgerissen – bisher lag unser Wirkungsgrad somit praktisch bei Eins. Oder vielleicht sogar darunter!

Mittlerweile war die Kälte kaum noch zu ertragen!

Also weiter im Text, schließlich war man Wissenschaftler – aber wenn ein solcher unter Druck gerät, dann kann dies schon mal zu beachtenswerten Situationen führen. Und so ergab sich auch bei einer der nun folgenden Dreier-Kombinationen von Drucktasten eine tatsächlich erstaunliche Reaktion des kleinen Gerätes. Zuerst war wieder dieser typische Gasgeruch zu verzeichnen – kurz darauf gefolgt dann von einem metallischen Zirpen tief im Inneren der Maschinerie…

Kawwuummm!!

Es war gelungen, der Heizlüfter hatte gezündet und er lief! Allerdings war dieser Prozeß mit einer durchaus beträchtlichen Explosion einhergegangen: Eine Stichflamme durchfuhr den halben Raum und versengte fast die Bettstatt, erhebliche Rauchschwaden bräunlicher Couleur stiegen gleichermaßen von Vorder- und Rückseite des Gerätes auf, verpesteten die Luft. Letztlich war es jedoch vor allem das erschrockene „Hoh, hohooh!“ der Gäste aus den Nebenzimmern, das mich wiederum den Stecker ziehen und das Fenster öffnen ließ. Außerdem muß ich zugeben, daß mir die fahrlässige Zerstörung eines Welt-Kulturerbes unseres Planeten ausgesprochen peinlich gewesen wäre – speziell in diesem so gastfreundlichen Land.

Also immer noch nichts mit den Segnungen der Technik – aber vielleicht gehörten die ja auch nicht an einen solch historischen Ort. Wir krochen in unsere Betten und kuschelten uns unter mehren Lagen von Decken so eng aneinander, wie es nur eben ging. Trotzdem wurde es die kälteste Nacht, die wir je zusammen erlebt haben – während die Temperaturen in *Nagoya* sich zur gleichen Zeit auf über fünfzehn Grad beliefen.

Aber am nächsten Morgen sah dann alles wieder besser aus. Und nachdem das Frühstück uns wiederbelebt hatte, genossen wir ausgiebig die Harmonie dieses malerischen Ortes, und zwar ohne Regen und bei dem allerbesten Büchsenlicht – und wir verließen *Shirakawago* wieder, noch lange bevor die Armada der Reisebusse es erreichen konnte.

die *Sushi*-Bar

„Pffffttt!“, diesmal ging der Schuß knapp links am Kopf von *Fugu-san* vorbei.

Ich saß mit meiner Frau in einem *sushi*-Restaurant, das gerade einen Steinwurf vom NIPS entfernt in Richtung *Higashi Okazaki* liegt und das uns seit langem als abendliche Anlaufstelle ans Herz gewachsen war. *Sushi* und *sashimi* sind an diesem Ort von sonst kaum erreichter Qualität, ebenso die gebackenen Auberginen mit *dengaku* (einer Soße mit *miso,* der fermentierten *soja*-Paste), die wir beide so gerne essen. Von dem eiskalten *Asahi* vom Faß ganz zu schweigen, mit dem Daniela und ich gerade in die zweite Runde gegangen waren – als der Kugelfisch das Lokal betrat.

Von sonst unauffälliger japanischer Statur, war der Mann mit einem Kopf gestraft, der die Form einer geometrisch perfekten Kugel hatte. Auf der kleinen Nase saß außerdem eine Brille mit so schweren Gläsern, daß sie Glas-Bausteinen nicht unähnlich waren. Jetzt brauchte man sich nur noch den geschäftsmäßigen Anzug des Herren wegzudenken – und schon war die Illusion eines *fugu,* eines Kugelfisches mit seinen markanten Augen fast perfekt. Und der saß nun ausgerechnet mitten drin in einer *sushi*-Bar, eine köstliche Vorstellung!

Was die Sache allerdings noch viel komischer machte, war der Umstand, daß sich auf der Theke des Lokals, wohl keine achtzig Zentimeter von *Fugu-san* entfernt, eine große Schüssel mit irgendwelchen Schalentieren befand – und die schossen nun aus allen Rohren Wasser durch die Gegend. Tatsächlich hatten Daniela und ich schon vorher Wetten darauf abgeschlossen, was die Muscheln wohl als erstes treffen würden. Mit dem Kugelfisch in vorderster Front und in direkter Reichweite der Molusken-Batterie gestaltete sich das ganze Spiel natürlich noch wesentlich interessanter.

„Pffffttt!“, unglaublich, diesmal ging es knapp rechts am Ziel vorbei. Und der Mensch schien überhaupt nichts von dem Beschuß zu bemerken! Allerdings hatte *Fugu-san* bereits in kürzester Zeit zwei große Biere und eine mittlere Flasche *sake* vertilgt und präsentierte sich mittlerweile in einem kräftigen Orange, während die

Ohren in sattem Violett schimmerten – eine Farbkombination, die man bei japanischen Freunden alkoholischer Getränke relativ häufig beobachten kann. Übrigens findet die Verdunklung beider Ohren nie gleichzeitig statt, da bin ich mir sicher. Tatsächlich scheint es bei dem Prozeß ganz individuelle Unterschiede zu geben – manche Japaner beginnen offenbar mit dem rechten, andere wiederum mit dem linken Ohr. Ein interessantes Phänomen, wie ich fand, müßte man mal genauer untersuchen. An Studienobjekten sollte es wohl nicht mangeln in diesem Land.

Jedenfalls hatte der Kugelfisch – nun durch den Genuß geistiger Getränke deutlich geschwächt – der weiteren Kanonade nichts mehr entgegenzusetzen. Trotzdem brauchten die Schalentiere erstaunlich lange, bis der erste Schuß saß, da waren meine Frau und ich uns einig. Allerdings war die Wirkung des Treffers dann aber auch umso netter. Ein satter Strahl traf auf das linke Glas der Brille von *Fugu-san,* daß es nur so spritzte, und der arme Kerl erschrak tatsächlich bis ins Mark – zumal ihm die Quelle des Beschusses völlig unklar schien. Aber offenbar half ihm da der 360°-Scan der näheren Umgebung vermittels seiner Glas-Bausteine auch nicht wirklich weiter. Aber was soll's, schließlich war der Kugelfisch bester Laune, die Brille wurde geputzt und endlich verließ er das Feld seiner Niederlage.

An diesem Abend haben wir wirklich geschlemmt. Nach einem kleinen *sashimi* gab es zunächst die Auberginen mit *dengaku,* bevor wir uns dann an die äußerst delikaten *sushi* machten. Im letzten Jahr waren wir noch unbeholfen gewesen, froh daß ein *sushi*-Menü auf der Speisekarte zu finden war – das dann aber auch ein Exemplar mit rohem Pferdefleisch beinhaltete, nicht unbedingt ein Genuß wie wir fanden. Aber nach einem weiteren Jahr des Studiums der japanischen Sprache waren wir der Sache schon eher gewachsen, bestellten gewandt die *sushi* mit *maguro* (Thunfisch), *sake* (Lachs), *saba* (Makrele), *hotate* (Jakobsmuschel) und natürlich *unagi* (Aal), unser beider absoluter Favorit. Viele Delikatessen blieben uns jedoch noch heute versagt, die Speisekarte ein Buch mit fünf, wenn auch nicht mehr mit sieben Siegeln.

Aber einige wenige Spezialitäten wären möglicherweise auch nicht unbedingt unser Fall. So stand auf der Theke unserer *sushi*-Bar ein kleines Aquarium mit weniger als zehn Litern Inhalt, in dem sich etwa einhundert aalähnliche Kreaturen von schätzungsweise acht Zentimetern Länge tummelten. Allerdings deuten die konstanten Abmessungen der agilen Fischlein darauf hin, daß es sich wohl eher um ausgewachsene Exemplare einer besonderen Art handeln dürfte. Von Zeit zu Zeit entfernte der Assistent des *sushi*-Meisters etwas gelangweilt diejenigen Vertreter, die bereits auf natürlichem Wege das Zeitliche gesegnet hatten. Und je nach Laune warf er ein wenig Futter in das Habitat, worauf die Bestien in eine wahre Raserei verfielen und das unter Drittel des Gefäßes einem wabernden Hexenkessel glich. Im Vergleich mutete das Haupt der Medusa da wie eine Landschaft von Caspar David Friedrich an. Wie die kleinen Fische letztlich zubereitet wurden, konnte bislang nicht ermittelt werden. Jedenfalls fuhr der Assistent auf Geheiß des *sushi*-Meisters jeweils mit einem kleinen Netz durch das Gewusel – und dann waren's nur noch achtzig, sechzig, vierzig, je nach Anzahl der Portionen.

Aber nicht nur kulinarisch war die *sushi*-Bar ein Genuß, ein willkommener Ausklang für den Tag. Immer wurden wir von den Inhabern auf das Herzlichste begrüßt, mittlerweile als Stammkunden, trinkfest und stets hungrig eingestuft. Natürlich verstummten zunächst sämtliche Gespräche an der langen L-förmigen Theke – bis wir dann Platz genommen hatten, wohlweislich immer einen Sitzplatz zwischen uns und dem nächsten Japaner freilassend. Aber das anfängliche Fremdeln unserer japanischen Freunde wurde dann fast immer mehr als kompensiert. Wenn man sich, erstens, klar gemacht hatte, daß wir offenbar japanisches Bier und rohen Fisch schätzten, zweitens, die *o hashi* (Eßstäbchen) benutzen konnten, ohne uns damit ernsthafte Verletzungen beizubringen und, drittens, unsere Münder so etwas ähnliches wie japanische Laute von sich geben können. Und wenn man dann irgendwann herausgefunden hatte, daß wir tatsächlich Deutsche sind, brachen stets alle Dämme. Wo wir denn genau herkämen, wurde immer gefragt, meist auf Japanisch, manchmal aber auch in durchaus brauchbarem Englisch, denn viele Gäste waren Geschäftleute und irgendwie auf dem Weg von/nach *Higashi Okazaki.* Aus *Furankufuruto* (Frankfurt) antworteten wir meist, denn das kam der Wahrheit wohl am nächsten – Dortmund kannte natürlich wieder kein Schwein. Obwohl viele Japaner schon in Deutschland waren und unser Land sehr gerne bereisten. Die meisten zwar nur auf dem üblichen München-, Rothenburg-, Heidelberg-Trip, einige wenige gelangten aber auch an andere Orte, aus beruflichen Gründen zumeist, dann aber fast nie für länger als wenige Wochen. Wie wir denn das japanische Bier fänden – natürlich ausgezeichnet, war immer unsere Antwort, da brauchten wir wahrlich nicht zu lügen. Und fast alle Japaner waren in der Lage sämtliche deutsche Automarken aufzuzählen, ohne auch nur mit der Wimper zu zucken. Klar, viele japanische Gäste sprachen in der *sushi*-Bar den geistigen Getränken sehr zu und irgendwie ist die Atmosphäre an einem solchen Ort auch eine besondere, ein *sushi*-Meister schon fast so etwas wie ein Vertrauter des Gastes. Aber die Sympathie für unser Land und seine Kinder war stets zu verzeichnen und weitgehend unabhängig vom Bier- und *sake*-Konsum.

Und fast immer ergaben sich nette Gespräche mit den japanischen Gästen oder den Betreibern der Bar. Aufgrund unserer Japanisch-Kenntnisse wurden wir stets als *jôzu* (begabt) eingestuft und man verließ den Ort schließlich wohl genährt und gut gelaunt, gar nicht mehr durstig – aber mit dem festen Vorsatz, in Kürze wieder vorbeizuschauen.

das *Okazaki Matsuri*, das *Gion Matsuri* von *Kyôto*, die Tempel von *Miyajima* und das *Tai Matsuri* von *Minamichita*

Bevor ich von meinen vorerst letzten Tagen in *Okazaki* und unserer Reise nach *Ishigaki* erzähle, möchte ich gerne über eine Reihe von Erlebnissen berichten, die – obwohl schon mehr als vier Jahre her – mein Bild von Japan in unvergeßlicher Weise geprägt haben.

Das *Okazaki Matsuri* – oder Sommerfest von *Okazaki* – findet jeweils am ersten Wochenende im August eines Jahres statt. Leider hatte Daniela 2002 nicht die Gelegenheit, diesem Spektakel beizuwohnen – einige Tage zuvor mußte sie wieder in die Heimat zurück und ließ mich mit zweihunderttausend begeisterten Japanern nebst deren Gästen allein in der Fremde zurück.

Schon einige Zeit vor dem Ereignis war uns beiden das flache Gerüst aufgefallen, das über Wochen am Ufer des *Otogawa* entstand. Bei seiner Fertigstellung maß es wohl an die fünfzig Meter in der Tiefe und verlief über fast fünfhundert Meter entlang des nördlichen Flußufers – bei einer durchschnittlichen Höhe von höchstens zwei bis drei Metern wohlgemerkt. Wie wir schließlich herausfanden, handelte es sich bei der Konstruktion um eine Tribüne – speziell für den Abend des gewaltigen Feuerwerks von *Okazaki* konzipiert. Es teilt außerdem das Ufer des *Otogawa* in kleine Parzellen von zwei-mal-zwei Metern ein, die sich natürlich wesentlich definierter vermarkten lassen, als dies mit der bloßen Scholle möglich wäre. Tatsächlich muß man für einen solchen Tribünenplatz – der außerdem entsprechend seiner Lage noch einer gewissen preislichen Staffelung unterliegt – im Mittel um die einhundertzwanzig € veranschlagen. Und selbstredend sind alle Plätze bereits über Monate im voraus ausgebucht.

Das Fest wurde pünktlich um 17:00 Uhr am Donnerstagnachmittag von den Herren des Festkomitees eröffnet, die in Schlips und Kragen plus traditionellem Umhang eine wenig erhöhte Tribüne im Herzen von *Okazaki* bevölkerten – und zwar auf einem kleinen Platz an einer der schönsten Straßen, die die Stadt zu bieten hat, der *tenma-dori* (einem Teil der alten *tôkaidô*-Straße, der wir übrigens bei unserem Besuch von *Hakone* im Jahre 2005 wiederbegegnen sollten). Die Eröffnung erfolgte mit einem gewaltigen Knall, worauf alles im Umkreis von fünfzig Metern erst einmal für Minuten in einer gewaltigen Wolke von Pulverdampf und Luftschlangen versank.

Und dann folgte eine unglaubliche Prozession der verschiedensten Fußgruppen, singend, tanzend, musizierend, die sich alle von beiden Enden der Straße auf den Platz zubewegten, auflösten, neuformierten, wieder zurückmarschierten, ein unglaubliches Bild mit all den verschiedenen Farben und Kostümen. Und immer war die Jugend mit einbezogen, Kinder von vier, fünf Jahren und gerade diese tanzten wahrhaft wie die Derwische und mit dem Feuer der Begeisterung in ihren Augen, die Welt um sich herum völlig vergessend. Aber auch ältere Herrschaften nahmen Teil, Damen in ihren allerbesten Kimonos, leise sich wiegend unter den traditionellen Gesängen ihres Landes. Ebenso waren einige Gäste aus anderen Ländern zugegen, so zum Beispiel Gruppen aus dem nahen Süd-Korea.

Aber schon warf der nächste Höhepunkt seine Schatten voraus, der Aufbau der *taiko,* der klassisch-japanischen Trommeln – die größten wohl mit einem Durchmesser von fast einem Meter. Und dann ging es los, wie die angespannte Sehne eines Bogens standen die Trommler vor ihren *taiko,* verzauberten uns mit ihrer Musik, die so tief unter die Haut geht, so sehr in unserer menschlichen Natur begründet liegt – die sich auf jeden einzelnen überträgt, uns in unserem Innersten erreicht. Und immer mehr spielten sich die Trommler in Rage, in eine wahre Hitze hinein, speziell die Damen – ihre Wangen in zartem Rot gleichsam erblühend, welch ein Fest für die Sinne!

Wer da glauben mag, das Maß an Erotik beim *Okazaki Matsuri* habe sich hiermit erschöpft, hat ganz klar seine Rechnung ohne das Highlight des folgenden Abends gemacht – der gefürchteten brasilianisch-japanischen Samba-Truppe! Hierzu muß man wissen, daß im sehr frühen zwanzigsten Jahrhundert mehrere einhunderttausend Japaner auf Geheiß ihrer Regierung nach Brasilien ausgewandert sind, während heutzutage vor allem Brasilianer nach Japan kommen – als zuverlässige und begehrte Arbeitskräfte. Speziell in *Okazaki* mit seiner florierenden Industrie stellen die Südamerikaner heute mit anderthalb Prozent mehr als die Hälfte des Ausländer-Anteils insgesamt. Und aufgrund der historischen Freundschaft zwischen

die Sambatruppe beim Okazaki Matsuri

beiden Ländern entstand eben auch jene gemischte Samba-Truppe – ethnisch gemischt aber alle weiblich – sehr weiblich! Niemals hätte ich erwartet, in Japan so etwas geboten zu bekommen! An die dreißig höchst ansehnliche Damen tanzten in voller Ekstase durch die Straßen von *Okazaki,* und zwar in genau solch knappen Kostümen, wie man sie vom brasilianischen Karneval her kennt – also in Tangas und mit Oberteilen, die diesen Bezeichnungen kaum noch Rechnung trugen, und mit rauschenden Federboas auf den Köpfen. Und wer da meint, die japanischen Damen spielten wohl die zweite Geige bei dem Geschäft, der ist gewaltig auf dem Holzweg – denn erstens waren diese deutlich in der Überzahl und zweitens überhaupt nicht mehr zu bändigen. Was die Männerwelt von *Okazaki* tatsächlich fast zum Überkochen brachte – und jedwede Kamera an die Grenze ihrer Leistungsfähigkeit. Das ist wahrhaft gelebte Völkerverständigung, so wie sie besser nicht sein kann!

Ehrlicherweise muß ich sagen, daß mir eine weitere Steigerung des *matsuri* zu diesem Zeitpunkt praktisch unmöglich erschien! Auch fand ich in der folgenden Nacht nur sehr schwer Schlaf. Andererseits komme ich nicht umhin zuzugeben, daß ich bis zum Abend des nächsten Tages noch nie ein wirkliches Feuerwerk gesehen hatte!

Gegen 17:00 Uhr am Samstagnachmittag traf sich eine kleine Gruppe von Gast-Wissenschaftlern des NIPS - mich eingeschlossen – im Foyer des Institutes, um sich unter der fachkundigen Leitung eines „Senior Scientist“ auf den Weg zu den Ufern des *Otogawa* zu machen. Tatsächlich wurden die Eintrittskarten für das Feuerwerk vom NIPS bezahlt, eine ausgesprochen großzügige Geste, wie ich fand. In weitem Umkreis um das Areal der Feuerwerker herum tummelten sich schon jetzt Zehntausende, aber irgendwie schaffte es unsere Gruppe von sieben Leuten, sich zu ihren vier Quadratmetern gemieteter Sperrholz-Platte durchzuschlagen. Als „Survival Kit“ führte jeder Sandwiches, einige Dosen Bier und – besonders wichtig – ein kleines Sitzkissen mit sich.

Feuerwerk hat in *Okazaki* eine lange Tradition, die bis auf das frühe sechzehnte Jahrhundert und den Herrscher *Tokugawa Ieyasu* zurückgeht – der spätere erste *shôgun* des von Kämpfen geschüttelten Landes. In der Burg von *Okazaki* sind die Bomben jener Zeit, die stark an die aus den Paulchen-Panther-Filmen der achtziger Jahre erinnern, als Nachbildung ausgestellt. Übrigens entstehen noch heute etwa siebzig Prozent des gesamten japanischen Feuerwerks in der Region von *Okazaki*, in unseren Tagen allerdings mit rein friedlicher Intention – so wollte ich jedenfalls für den heutigen Abend hoffen.

Tatsächlich hatte ich schon viel von den perfekten Feuerwerken japanischer Machart gehört – und umso mehr interessierte mich die technische Realisation eines solchen Spektakels. Natürlich rechnete ich nicht mit Kohorten behänder Japaner, die unter der strengen Ägide eines „Feuerwerk-*sensei*" umherwuseln, um mit irgendwelchen Fackeln kleine Lunten zu entzünden. Über die Hightech-Variante, die dann letztlich zum Einsatz kam, war ich jedoch mehr als begeistert. Insgesamt handelte es sich wohl um die acht Kanoniereinheiten, die in enger Nachbarschaft zueinander – und sehr nah an unseren Tribünenplätzen – am Ufer des Flusses positioniert waren, alle verkabelt und in direktem Kontakt zu einem regelrechten Feuerleitstand mit höchst professioneller Computer-Maschinerie.

Und was dann nach Einsetzen der Dunkelheit *Okazaki* – und uns in vorderster Reihe – geboten wurde, bleibt mir für immer unvergeßlich. Natürlich ging es wieder mit einem regelrechten Paukenschlag los, einer gewaltigen Explosion direkt über den Köpfen, die alles in eine gleißende Helligkeit hüllte, sodaß jeder bis ins Mark hinein erschrak. Rasend schnell kam der Feuerball näher, immer heller, immer größer wurde er – bis die ersten entsetzt schrien und die Sonne dann plötzlich verglühte, nur wenige Meter über den Betrachtern, so wollte man wenigstens meinen.

Und wieder und wieder durchdrang uns das dumpfe Wummern der Kanonen, immer schneller wurden die gleißenden Salven emporgejagt – bis der Himmel über *Okazaki* förmlich brannte. Und immer neue Bilder entstanden, hin und her wogend über unseren Köpfen, mit ständig wechselnden Farben und in ewig neuen Mustern. Keine Sekunde blieb die Nacht mehr schwarz, nur noch dieses phantastische Licht war da, das die staunenden Augen blendete. Eine gute Stunde dauerte dieses erste Werk der Meister, bis Auge und Geist endlich ein kurzer Moment der Ruhe vergönnt war.

Diese Pause tat nun wahrlich Not, um das Gesehene zu begreifen! Zusätzlichen Wert erfuhr sie allerdings durch die unfreiwillige Komik der Werbeeinlagen, die nun auf dem Programm standen. Denn mittlerweile war der *Otogawa* zur Bühne für eine Reihe von Firmen geworden, deren Bötchen den Fluß von rechts nach links befuhren, ordentlich aufgereiht und allen voran die Pinasse der Firma *Kirin* – als wahrscheinlicher Hauptfinancier des gesamten Events. Mit bunten Fackeln und kleinen Feuerrädern waren die Boote bestückt – deren sehr bescheidenes Leuchten in einem grotesken Gegensatz zu der kolossalen Darbietung stand, die dem Beschauer bis gerade noch geboten wurde. Von manchen auf japanisch-artige Weise zur Kenntnis genommen, löste diese Form der Werbung bei den meisten Besuchern doch eine ausgesprochene Erheiterung aus.

Doch schon ging es weiter mit dem Brand von *Okazaki!* Schneller und höher noch schossen die Salven in den Himmel, immer fester wurde das tiefe Wummern, das sich wie mit leichten Schlägen bis auf die Eingeweide übertrug. Und dann begann es schließlich – das unglaubliche Gefecht der Hexenmeister. Tatsächlich handelte es sich um fünf der renommiertesten Feuerwerker aus ganz Japan, die hier in *Okazaki* als Wiege ihrer Kunst zusammengetroffen waren, um miteinander in diesen Wettstreit zu treten und den wahren Meister auszufechten. Gute zehn Minuten dauerte der Vortrag eines jeden von ihnen. Und jeder war so völlig verschieden von dem der Mitstreiter, hatte seine eigene unverwechselbare Signatur – die für einen jeden Betrachter klar zu begreifen war. Dann endlich das unglaubliche Finale, alle Meister wieder vereint in konzertierter Aktion, jeder erkennbar zunächst in seiner eigenen Kunst. Doch nach erstem Tasten dann immer stärker und fordernder mit dem Werk der anderen verschmelzend bis hin schließlich zum gemeinsamen Crescendo. Und zu den Klängen von Freddy Mercurys „Final Count-Down" dann der ultimative Höhepunkt – bis hin zur Explosion der ganzen Stadt, dem Eintritt in eine Sonne.

Und eine Sekunde später dann Stille, Dunkelheit. Es war vorüber – ein jeder Beschauer wieder alleingelassen in seiner Bedeutungslosigkeit. Leise und voller Demut erhob man sich schließlich, lange Minuten danach, und trat den Heimweg an – voll Erfurcht vor der Kunst solcher Meister.

* * *

Das *Gion Matsuri* von *Kyôto* ist wohl die spektakulärste Festivität, die ganz Japan zu bieten hat. Tatsächlich geht dieses höchst traditionelle Ereignis auf das späte neunte Jahrhundert zurück, als die damalige Hauptstadt des Landes unter einer schweren Seuchenplage litt. Um die Götter milde zu stimmen, wurde eine Prozession von kleinen Schreinen auf den Schultern vieler junger Männer durch die Straßen von *Kyôto* bewegt – und zwar unter der spirituellen Egide des einflußreichen Schreins von *Yasaka,* der zu jener Zeit den Namen *Gion* trug. Nur wenige Wochen danach fand die Seuche tatsächlich ihr wundersames Ende – und das *Gion Matsuri* ward geboren.

Beginn des *matsuri* ist der erste Juli eines Jahres und offiziell ziehen sich die Feierlichkeiten bis zum letzten Tag des Monats hin. Der erklärte Höhepunkt ist jedoch die Parade der sogenannten *dashi* am 17. Juli, dem Tag des *yamahoko junko,* wenn zweiundzwanzig *yama* und sieben *hoko* durch die Straßen der Stadt getragen *(junko)* bzw. gezogen (ebenfalls *junko)* werden.

Es war gerade in einer entscheidenden Phase unseres gemeinsamen Projektes, als mich Yasu Okada im Jahre 2002 auf eindringliche Weise von der Einzigartigkeit des *Gion Matsuri* zu überzeugen suchte. Natürlich war ich sehr interessiert, aber für den Moment waren mir die abschließenden Experimente aus der ersten Serie eigentlich wichtiger. Aber es half nichts – die japanische Kultur läge mir ja wohl ebenso am Herzen und außerdem habe seine Sekretärin Tomomi bereits das Hotelzimmer in *Kyôto* und die *Shinkansen*-Tickets für Daniela und mich reservieren lassen. Viel Spaß – und man sei neugierig auf unsere Eindrücke!

Also waren meine Frau und ich am frühen Morgen des 16. Juli mit einem Regional-Express auf dem Wege nach *Nagoya* – dem nächstgelegenen Anschlußpunkt für den legendären *Shinkansen.* Dieses Projektil auf Rädern schlägt den deutschen ICE um Längen und mit dem *Nozomi* (was soviel wie „Hoffnung“ heißt) in seiner schnellsten Variante werden tatsächlich Geschwindigkeiten von bis zu 380 km/h erreicht – höchstens vergleichbar noch mit dem französischen TGV, auf gerader Strecke und an guten Tagen vielleicht. Für das sehr mobile Leben der Japaner ist der *Shinkansen* zu einer Selbstverständlichkeit geworden – und fast immer zieht man ihn dem Flugzeug vor.

Was sich wohl auch mit der unglaublichen Verläßlichkeit erklärt, die diese Art der Fortbewegung bietet. So fällt der erste Blick des Reisenden auf ein ewig langes Geländer, das Bahnsteig gegen Trasse sichert – regelmäßig unterbrochen nur von kleinen Toren, die sich nach dem Halt des Zuges öffnen wie von Geisterhand bewegt. Und genau vor diesen Toren lassen sich nun zahlreiche Markierungen auf dem Boden ausmachen, die – für jeden Zug gleich – Nummer und Tür der Waggons präzise bezeichnen. Und da stehen sie nun, die lieben Japaner, artig vor jenen Toren – wie an Perlenschnüren aufgereiht. Bis er dann schließlich hereinjagt in sein ureigenes Revier, der unglaubliche *Shinkansen.* Eine deutlich spürbare Nervosität macht sich unter den Reisenden breit, ein jeder greift nach seinem Gepäck, Kinder und Alte werden in handgerechte Positionen dirigiert. Und dann ist es tatsächlich geschehen: Der Zug ist zum Stehen gekommen, nach Art einer Vollbremsung zwar – aber präzise an der bezeichneten Stelle, auf den Zentimeter genau. Türen und Tore schnurren zur Seite und stolpernd ergießen sich die Reisenden auf den Bahnsteig hinaus – als die erste der beiden Wellen. Wenige Sekunden später gefolgt dann von der zweiten, diesmal in die Waggons hinein. Türen und Tore verschließen sich wieder mit hohlem Pfiff – und der ganze Spuk hat sein Ende gefunden, nach höchstens dreißig Sekunden vielleicht. Und man selbst befindet sich im richtigen Waggon – hoffentlich – und während der *Shinkansen* mit phantastischer Beschleunigung nach vorne jagt, wanken die Letzten der Reisenden noch ihren Plätzen entgegen.

Und da sitzen wir tatsächlich in diesem unglaublichen Geschoß und draußen fliegt die Welt an uns vorbei – so nahe manchmal, daß die kleinen Häuser vor den Augen zu bloßen Linien verschmelzen. Jede Minute dieser Fahrt war ein einziger Genuß, diese rasende Bewegung durch das Land eine völlig neue Erfahrung. Wie im Zeitraffer sausten wir durch unser geliebtes Japan – aber so erschreckend schnell auch, daß ich mich irgendwann zu fragen begann, wie ich mein Leben wieder auf eine handhabbare Geschwindigkeit reduzieren sollte – oder ob es für den Rest meiner Tage so unglaublich rasant an mir vorüberziehen würde wie jetzt die japanische Landschaft. Aber was sollten eigentlich solch elegische Betrachtungen? Schließlich war man doch auf dem Wege zum *Gion Matsuri,* dem großen Fest von *Kyôto.* Ich machte es mir wieder in meinem Sitz bequem und genoß den Rest der Fahrt.

Selbstredend war der *Shinkansen* auf die Sekunde genau im Bahnhof von *Nagoya* eingetroffen – und ebenso pünktlich hatte er die Station auch wieder verlassen. Ich erinnere mich, daß während einer meiner Reisen, zwei *Shinkansen* mit demselben Ziel hintereinander herrasten, von *Kyôto* nach *Nagoya.* Tatsächlich fand dieses Rennen auf derselben Trasse statt – und zwar im Abstand von genau fünf Minuten. Man stelle sich einen solchen Versuch in deutschen Landen vor, Hunderte von Toten würden die sofortige Folge sein. Aber nicht in Japan eben – mit der unglaublichen Pünktlichkeit seines öffentlichen Lebens. Ich mußte an die ungläubigen Gesichter meiner japanischen Gäste denken, wenn sie ihren Weg zu mir nach Dortmund gefunden hatten und Erkundungen unseres Heimatlandes mit der Bahn anstanden. Wo denn der Zug wohl bliebe, fünf Minuten sei er schon über die Zeit. Und die Deutschen seien in Japan doch als so verläßlich bekannt – wurde dann nur allzu laut gedacht. Peinlich, wirklich ausgesprochen peinlich, das muß ich schon sagen!

Und mit unglaublicher Präzision und Geschwindigkeit rasten wir beide an diesem Morgen also weiterhin gen *Kyôto* – um dann dort nach etwas mehr als zwei Stunden auf die Millisekunde pünktlich einzutreffen. Etwa zwei Minuten vorher wurde den Reisenden das Halten des Zuges avisiert. „*Mamonake Kyôto desu.*" – was soviel heißt wie: „Als nächstes ist *Kyôto*". Worauf sämtliche Japaner mit diesem Reiseziel wie von der Tarantel gestochen aufsprangen, um sich dann vor den entsprechenden Ausgängen aufzureihen – etwa so wie die Fallschirmspringer in den Kriegsfilmen unserer amerikanischen Freunde. In der englischen Variante klang die Ankündigung dann doch deutlich schärfer: „We will soon make a brief stop in *Ky*ô*to*." – wohl um den *gaijin* den Ernst der Lage klarzumachen: „Wer es nicht in dreißig Sekunden bis auf den Bahnsteig schafft, hat schlechte Karten!"

Was für uns als drahtige Europäer mit kleinem Handgepäck natürlich keinerlei Problem darstellte. Eher dann schon das Auffinden unseres Hotels nach Verlassen der *Shinkansen*-Station – obwohl es letztlich nur zwei Blocks weiter, dann rechts und nochmals zwei Blocks weiter zu finden war. Aber irgendwie stellten wir uns an diesem Morgen etwas dämlich an – was vielleicht auch eine Folge der immensen Geschwindigkeit bei der Anreise war. Jedenfalls sprach ich einen der vorbeihastenden jungen Geschäftsleute in edlem Zwirn auf unser Problem hin an – in lupenreinem Englisch versteht sich, denn seinerzeit war unser Japanisch noch ein zarter Sproß, der der Schonung bedurfte. Gleiches galt jedoch offenbar für das Englisch unseres japanischen Zeitgenossen. Nach Blick auf unseren Prospekt war ihm zwar sofort klar, wo das gesuchte Hotel zu finden wäre – aber wie uns dies nun kundtun?

In einer solchen Situation sind Japaner völlig in ihrer Höflichkeit gefangen. Und wenn man sie nicht mit Dank und freundlicher Verbeugung wieder entläßt, dann bleiben sie einem erhalten, auf Gedeih und Verderb ausgeliefert sozusagen. Was andererseits natürlich auch dazu führt, daß jeder Fremde mit erkennbarem Informationsbedarf von den Japanern stets in weitem Bogen umschifft wird. Aber wenn man denn mal einen hat...

Unser Geschäftsmann sah nun jedenfalls keinen anderen Weg, als mit uns am Hals seinen Weg zurückzugehen – bis zu jener Ecke eben, von der aus der große grüne Klotz unseres Hotels deutlich auszumachen war. Aber erst nachdem wir uns sehr freundlich bedankt hatten, war er tatsächlich wieder frei und hastete erleichtert zurück zum Bahnhof. Seinen Zug hat er sicher verpaßt, der Arme – leider!

Das Zimmer hatte den in Japan üblichen westlichen Standard, es war relativ groß und elegant – und sehr teuer. Aber uns zog es nun mit Macht in diese wunderbare Stadt hinein, mit ihren unglaublichen Tempeln, manche mehr als fünfhundert Jahre alt und an die achtzig Meter hoch, gewaltige Konstruktionen aus edlem Zedernholz, in weiten Anlagen großzügig plaziert. Und dann ging es zum Goldenen Tempel hinaus mit seiner unbeschreiblichen Schönheit und Eleganz – weiter zum Alten Kaiserpalast, dieser unglaublichen Festung mit ihrer höchst verschwenderischen Weitläufigkeit. Aber schließlich zog es uns auch in die modernen Bereiche der Stadt, mit ihren eleganten Straßen und den vielen exquisiten Geschäften. Und dann waren da noch die weitläufigen Arkaden, die sich über Kilometer hinziehen, eine ausgesprochen interessante Erfahrung. Besonders reizvoll auch in ihren kleineren Varianten, wo sich über hunderte von Metern ein Fischverkäufer an den anderen reiht, ein Bäcker an den nächsten, ein

ein hoko beim Gion Matsuri in Kyôto

Händler von Früchten und Gemüsen an den obengenannten – ein wahres Meer an Farben, Klängen und Gerüchen. Einzig die Radfahrer sind eine wahre Qual in dieser Stadt – das muß man leider sagen – wie sie in höchst unangenehmer Weise einen jeden malträtieren, besonders in den überaus engen Arkaden.

Und hie und da waren sie schon in den Straßen und Winkeln auszumachen, die hoch aufgeschossenen *hoko* und die etwas kleineren *yama.* Mit zunehmendem Abend drangen dann immer häufiger die traditionellen Melodien an unser Ohr, auf der klassisch-japanischen Querflöte von Musikanten gespielt, die weit oben auf den Wagen saßen. Und immer mehr füllten sich die Straßen mit Menschen, die über viele Kilometer durch die Innenstadt flanierten, viele auf *geta* und in *kimono* bzw. *yukata* gewandet. Zahlreiche Buden sorgten für das Wohl von Leib und Seele, Spieße mit gegrilltem Rind- und Schweinefleisch wurden angeboten, gebackene Süßkartoffeln, die – für uns unverständlich statt in Salz – zusätzlich in Zucker gewendet werden, und als besondere Spezialität: Tintenfischbällchen in Eierteig frittiert – eine absolute Delikatesse, die allerdings bereits nach der dritten Portion einen leichten Anflug von Übelkeit aufkommen läßt. Aber da helfen die zahlreichen *sake*-Stände dem Besucher des Festivals natürlich gerne weiter.

Am nächsten Tag war es dann endlich soweit, das *Yamahoko Junko* begann. Jedes der *yama* und *hoko* repräsentiert einen anderen Bezirk von *Kyôto,* die jedoch alle in näherer oder weiterer Nachbarschaft zum *Yasaka*-Bezirk stehen. Die deutlich imposanteren *hoko* sind bis zu ihrem Dach wohl an die acht Meter hoch und weisen eine zweigeschossige Bauweise auf. Hierbei ist die obere Etage leicht zurückversetzt und bildet so eine Balustrade, die von den dicht gedrängten Flötenspielern bevölkert wird. Der gesamte Wagen ist mit edelsten Gobelin-Stoffen aus aller Herren Länder auf das Prächtigste verziert. Oben auf dem Dach des *hoko* befinden sich stilisierte Hellebarden und Masten, die wohl an die zwanzig Meter hoch sein können und die Verantwortlichen für die – zumeist oberirdische – Energieversorgung in der Stadt an den Rande des Wahnsinns bringen. Die Fortbewegung eines jeden *hoko* wird von einer Schar von etwa dreißig drahtigen Japanern in spärlichster Bekleidung bewerkstelligt, die sich für dieses Geschäft allerdings auch mächtig in ihr Zeug legen müssen. Zwar wird ein jedes *hoko* von vier fast zwei Meter hohen Holzrädern getragen, die – weil gut gebuttert – durchaus erträgliche Laufeigenschaften aufweisen; außerdem ist *Kyôto* in dem Bereich, in dem die Parade stattfindet, flach wie ein Pfannenboden. Gemeinerweise besitzt ein *hoko* aber – obwohl mit respektablem Geradeauslauf gesegnet – traditionellerweise keinerlei Lenkung. Will heißen, daß es von seinen Betreibern im Verlaufe der Parade ganze dreimal mit neunzig Grad um eine Ecke gezerrt werden muß, nicht zu nennen die laufend anfallenden Korrekturen auf den langen Geraden – und ganz zu schweigen von der strapaziösen Odyssee bis hin zum Ort der Aufstellung und wieder zurück in die heimischen Gefilde. Ermöglicht werden jene schwungvollen Manöver einzig durch Bündel von gespleißten Bambusstangen, die – in speziellen Halterungen unter jedem *hoko* mitgeführt – vor jedes einzelne der Räder geworfen werden um Bodenhaftung und Reibung auf ein einigermaßen tolerables Maß zu reduzieren. Gleichwohl bleibt das Geschäft martialisch, vor allem natürlich für die Betreiber, die durch das Ganze an die Grenze ihrer Erschöpfung getrieben werden. Aber auch für die Passagiere der *hoko* ist diese Art der Fortbewegung nicht unbedingt ein Zuckerschlecken – und so mancher Flötenton geht sehr daneben.

Da haben es die *yama* schon deutlich leichter. Denn offiziell und eigentlich haben die überhaupt keine Räder – wurden sie doch in früheren Zeiten beschwerlich durch die Welt getragen. Allerdings bemerkt das geschulte Auge des routinierten Japan-Reisenden dann doch gewisse Hilfskonstruktionen unter den *yama,* die – mit zierreichen Abdeckungen listvoll verdeckt – eine erstaunlich gleitende Fortbewegung ermöglichen, die ganz klar im Gegensatz zu dem Gewuchte früherer Zeiten steht. Auch die *yama* sind prächtig anzusehen und manche sind auf höchst interessante Weise ausstaffiert. In besonderer Erinnerung bleibt mir eines der *yama,* auf dessen Dach der Kampf zweier *samurai* in einer unglaublichen Dynamik dargestellt wurde.

Abgerundet wird die gesamte Parade von einer Unzahl verschiedener Fußgruppen der unterschiedlichsten Couleur, die – natürlich – alle in direktem Bezug zum traditionellen Leben in *Kyôto,* der alten Kaiserstadt Japans stehen. Bemerken möchte ich noch, daß während des gesamten Ereignisses keinerlei Alkoholverzehr zu verzeichnen war, weder bei den Akteuren noch bei den zahlreichen Zuschauern. Getrunken und gefeiert wurde am Abend zuvor – aber nicht zur Zeit der ehrenwertesten Parade Japans – der wir die große Ehre hatten beizuwohnen.

* * *

Miyajima ist eine Insel von vielleicht dreißig Quadratkilometern Fläche, die der Hauptinsel Honshu westlich von Hiroshima vorgelagert ist – in etwas mehr als zehn Minuten mit der Fähre erreichbar. Wenn man an *Miyajima* denkt, entsteht vor dem geistigen Auge fast immer das Bild des *Itsukushima*-Schreins mit seinem weltberühmten roten *torii*, das ebenso wie der Schrein selbst bei hoher Tide quasi über dem Meer zu schweben scheint – der profanen Welt offenbar völlig entrückt. Seit dem zwölften Jahrhundert ziert das wohl fünfzehn Meter

das rote torii von Miyajima

hohe *torii* unsere Welt. Es gehört zu den bekanntesten Wahrzeichen Japans und seit dem Jahre 1996 ist es – zusammen mit dem *Shintô*-Schrein – ein Weltkulturerbe der UNESCO.

Bei unserer Ankunft auf *Miyajima* wurden meine Frau und ich zunächst mit einer weiteren Attraktion konfrontiert – dem freilaufenden Damwild der Insel, das dem Besucher bei seinem Landgang gezielt und mit anheischiger, aber irgendwie suspekter Freundlichkeit entgegentritt. In der *Shintô*-Religon sind die Tiere heilig und werden wohl als Boten der Götter angesehen. Und wer könnte sich den zutraulichen Tieren mit ihren tiefbraunen Augen denn verweigern, wie sie eindeutig von Hunger getrieben um eine kleine Atzung bettelten. Allzugerne wurden die verschiedenen Snacks der Reisenden dann auch entgegengenommen – und sogleich hastig verschlungen, manchmal inklusive der zugehörigen Verpackung. Aber dabei ließen es die Tiere nicht etwa bewenden – und von Dankbarkeit war tatsächlich nicht der Hauch einer Spur. War vielmehr ein Zweibeiner als Träger von Leckereien identifiziert, so stürzte sich gleich ein ganzes Rudel der Tiere auf ihr armes Opfer, und zwar in der entschiedenen Absicht, dasselbe zur Fortsetzung seiner Nahrungsabgabe zu bewegen – und ganz offensichtlich war hierzu jedes Mittel recht. In der einfachsten Façon bestand der Angriff ganz einfach darin, Rucksäcke, Hosentaschen und dergleichen anzufressen, um sich so Zugang zu den begehrten Leckereien zu verschaffen. Bei der brutaleren Variante wurden fütterungsunwillige Reisende ganz einfach gebissen – was für mich ein klarer Fall von Nötigung ist. Noch immer habe ich das Bild einer Familie vor Augen – es handelte sich um ein junges Ehepaar mit zwei kleinen Kindern – der zum Schutz von Leib und Leben ihrer geliebten Leibesfrüchte letztlich nur die schnelle Flucht nach vorne blieb. Wobei der verantwortliche Platzhirsch dieses Fehlverhalten mit einem herzhaften Kniff der väterlichen Rückhut kommentierte – und zwar an ausgesprochen delikater Stelle. Was soll man von einer Religion halten, dachte ich ketzerisch bei mir, deren Götterboten ein solches Verhalten an den Tag legen? Jedenfalls umgingen Daniela und ich solcherlei Schwierigkeiten, indem wir dem randalierenden Damwild einige herumliegende Tannenzapfen unter die Nase hielten, die dasselbe nach kurzer Prüfung mit demonstrativer Arroganz verschmähte – uns aber hernach wenigstens in Frieden ließ.

Außer den wohl einhundert Mönchen des Klosters beherbergt die Insel noch etwa zweitausend Seelen, die sich auf die Bedürfnisse der Reisenden eingestellt haben – so auch auf die Unterbringung der wenigen Übernachtungsgäste, zu denen wir uns zählen durften. Der kleine *ryokan* war schnell gefunden und tatsächlich waren wir für die Nacht die einzigen Gäste. Was Daniela und mir das unerwartete Glück des gemeinsamen „Familienbades" ermöglichte, welches wir dann lange und in vollen Zügen genossen. Ein besonderes Erlebnis war auch der gemeinsame Spaziergang auf der einzigen Uferstraße, der auf das köstliche Abendessen folgte und den wir mit vielleicht zweihundert anderen Gästen gemeinsam unternahmen – nachdem die Schwadronen der Tagestouristen das Eiland letztlich verlassen hatten. Alles und jeder – uns inbegriffen – zeigte sich klassisch gewandet in der *yukata,* wobei ich allerdings mal wieder aufgrund meiner Konfektionsgröße etwas weniger elegant daherkam. Auch mußte ich mir das Wandeln auf den *geta* versagen, weil es die für mich ganz einfach nicht gab. Rauf und runter wurde flaniert wohl über eine Stunde lang, während die Nacht immer schwärzer wurde und Schrein und *torii* immer prächtiger – weil gleißend angestrahlt und von unglaublicher Schönheit. Nur der zahlreich hinterlassene Dung gewisser Götterboten schmälerte in Spuren die Harmonie des Moments.

Am nächsten Morgen hatten wir gerade noch Gelegenheit, den Beginn des *Miyajima Kangensai* Festivals mitzuerleben – eines der prachtvollsten Ereignisse, die die japanische Inselwelt zu bieten hat, eine Vermischung uralter Traditionen mit farbenfroher Anmut. Mit dem *Itsukushima*-Schrein quasi als Bühne kamen eine Vielzahl historischer Tänze zur Aufführung, wobei sich die darbietenden Herren, die natürlich alle auf das Edelste gewandet waren, zunächst einzeln oder in Zweiergruppen gleichsam bedächtig und in würdevoller Langsamkeit dem Areal des Wettstreits näherten. Zu den wundersamen Klängen der alt-japanischen *„kangen"*-Instrumente – also Flöten, Trommeln und Zupfinstrumenten – fanden dann die eigentlichen Tänze statt, die bei sehr verhaltener Rhythmizität doch von kraftvoller und ausladender Grazie getragen waren. Allzu fremd mutete uns die Darbietung an – einerseits – denn andererseits war sie von unglaublicher Ästhetik, und zwar in einer so reinen Form, daß sie auch uns sogleich eingängig war, daß wir uns ohne Mühe darin wiederfanden. Und wenn man für einen Moment die Augen schloß, dann fühlte man sich zurückversetzt in dieses Japan, so wie es vor achthundert Jahren wohl einmal gewesen ist.

Wer von der Pracht des *Itsukushima*-Schreins beeindruckt ist, der hat noch nicht den *Daisho-in* gesehen, der nur einen Steinwurf entfernt am Fuß des heiligen Berges *Misen* gelegen ist. Im frühen neunten Jahrhundert gegründet, handelt es sich hierbei um den ältesten Tempel des *Shingon*-Buddhismus. Noch nie habe ich in Japan eine religiöse Stätte von vergleichbarer Schönheit und ebensolchem Reichtum gesehen. Auf breiter Treppe geht es zunächst den Berg hinan und jede Stufe wird rechter wie linker Hand von einer kleinen Buddha-Statue geziert. Und eine jede einzelne von diesen weist eine eigene Stele aus, alle aus poliertem Granit und mit derselben Beschriftung, kunstvoll in das Material hineingefräst. Ebenso erwartet den ehrfürchtigen Besucher auf jeder der wohl zweihundert Stufen eine edle, in Bronze gehaltene Gebetsmühle, die sich eine-wie-die-andere auf dem Wege zur eigentlichen Anlage mit leichter Hand in Bewegung setzten läßt. So vorbereitet erreicht man schließlich das eigentliche Areal und die gesamte Anlage dort ist tatsächlich von unglaublicher Pracht. Goldene Beschläge zieren die Dächer der Tempelgebäude und jedes Detail der zahlreichen Schnitzereien ist auf die edelste Weise ausgeführt. Zahlreiche Statuen aus feinem Granit begleiten den Betrachter auf seinem Gang, ebenso eine Vielzahl an bemalten Statuetten, filigran aus kostbarem Holz geschnitzt. Ein wahrhaft verschwenderischer Reichtum, der dieser Tempel des Buddhismus da ausweist. Aber in Japan ist so etwas nie ein Widerspruch.

Fast benommen noch von all dieser Pracht zog es uns letztlich auf den Berg *Misen* selbst, Zentrum der Insel und des gewaltigen *Setonaikai* Nationalparks, etwas über fünfhundert Meter hoch, aber mit der Seilbahn bequem zu erreichen. Und die Aussicht, die dem Besucher dort oben zur Verfügung steht, ist schon etwas Besonderes – soviel unberührte Natur wird einem in solcher Weite nur selten geboten. Als etwas verdrießlich empfanden wir allerdings die marodierenden Exemplare einer gewissen Art von Zwergpavianen, die den Bereich des Gipfels unsicher machen und von denen berichtet wird, daß sie zwischen den Gästen der Insel manchmal gewütet hätten wie die sprichwörtliche Axt im Walde. Regelrechte Überfälle seien schon vorgekommen, schmerzhafte, ja gefährliche Bisse wären zu verzeichnen gewesen, vom Raub von Handtaschen und Kameras ganz zu schweigen. Tatsächlich trat mir einer der Bestien mit erstaunlichem Selbstbewußtsein entgegen. Nach sorgfältiger Prüfung schätzte ich das Gewicht des Kerlchens auf maximal sieben Kilogramm. Allerdings waren die Eckzähne des Affen fast dreimal so lang wie das, was ich zu bieten hatte. Und irgendwo lauerte wohl auch noch der Rest der „Gang".

Wir machten uns dann doch relativ früh an den Abstieg. Und während wir die Schönheiten der Natur bewunderten, ertappte ich mich dabei, das jeweilige Dickicht argwöhnisch zu beäugen und hie-und-da nach möglichen Knüppeln und Wurfgeschossen Ausschau zu halten.

Die richtige Entspannung stellte sich erst wieder ein, nachdem wir in einem der vielen Restaurants von den zahlreichen Austern- und Aalspezialitäten der Insel genascht hatten – natürlich nicht, ohne dazu ein eiskaltes *Kirin* zu schlürfen. Ebenso wurden die allerorten feilgebotenen Küchlein, die in der Form von kleinen Ahornblättern gebacken werden, reichlich verkostet. Uns schmeckten die mit der süßen Bohnenpaste darin am besten...

Schließlich verließen wir diese beeindruckende Insel wieder – natürlich nicht, ohne von gewissen Götterboten hart angegangen zu werden. Aber die waren mir mittlerweile fast ans Herz gewachsen – und zehnmal lieber als die Affen vom Berge. Primaten sind schon so eine Sache für sich, finden Sie nicht auch?

* * *

Meine liebe Frau hatte Japan bereits vor gut einer Woche wieder verlassen, als ich mich – ihrem Auftrage folgend – auf den Weg zum *Tai Matsuri* in das nahegelegene *Minamichita* machte. Es war an einem Samstagmorgen im August und eigentlich hatte ich keine allzu große Lust auf die Reise. Das Projekt mit Yasu war in seiner Endphase und die Zeit entsprechend knapp. Außerdem war es an diesem strahlenden Sommertag unerträglich heiß. Aber letztlich half alles nichts. Erstens war Daniela höchst neugierig auf das Ereignis, was sich natürlich nicht mit ihrer physikalischen Abwesenheit vertrug, und gleichzeitig wurde ich von meiner Frau als guter Photograph geschätzt – und dann hatte sie, glaube ich, auch noch irgendetwas über „Völkerverständigung" gemurmelt.

Das *Tai Matsuri* gehört zu den gefürchteten Seebrassen-Festen, die im Sommer an vielen Orten der japanischen Küste stattfinden und zu denen die Fischer – mit religiöser Unterstützung der lokalen Geistlichkeit – die Götter um einen reichen und gesegneten Fang bitten. Bei der erklärten Vorliebe der meisten Japaner für frisches Seegetier ist einem jeden die Wichtigkeit eines solchen Festivals natürlich sofort eingängig. Zentrale Elemente der Veranstaltungen sind riesige Artefakte aus Holz und Bambus, mit Papier überzogen und – mit Weiß auf strahlendem Rot – zu gewaltigen Brassen stilisiert. Die dann, weil ausgesprochen gewichtig, von einer Vielzahl junger Männer in zweckmäßig spärlicher Bekleidung durch die Gegend gewuchtet und letztlich unter tosendem Gejohle der gesamten Bevölkerung zu Wasser gelassen werden. Schon zuhause in Deutschland hatte ich Berichte über solche Seebrassen-Feste gesehen – aber auch von den zahlreichen Unfällen gehört, die sich dabei ereignen sollen. Die liegen wohl vor allem darin begründet, daß die Vielzahl der beteiligten Träger fast automatisch zu gewissen Schwierigkeiten in der Koordination der Fortbewegung führen muß. In Erinnerung war mir noch der Fall eines japanischen Photoreporters, der von einer riesigen Brasse quasi krankenhausreif getrampelt wurde – und dabei außerdem seiner wertvollen Ausrüstung verlustig ging. Aber in solchen Fällen zeigen sich die lieben Japaner ausgesprochen heroisch – was man vielleicht am ehesten mit einem Grundsatz wie „Ein bißchen Schwund ist immer!" beschreiben möchte.

Als ich am späten Vormittag in *Minamichita* eintraf, fand ich den gesamten Ort in bemerkenswerter Stille. Auch gestaltete sich die Suche nach den gewaltigen Brassen zunächst als ausgesprochen schwierig. Auf einem mittelgroßen Areal waren zwar einige Stände mit Bier und Fressalien auszumachen, aber das einzige Fischmodell, das mir ob seiner Farbe ins Auge stach, hatte allenfalls die Größe eines japanischen Kleinwagens – und war außerdem verwaist. Sollte ich das stolze Ereignis tatsächlich verpaßt haben?

eine der gefürchteten Riesenbrassen beim Tai Matsuri in Minamichita

Doch dann stach sie mir ins Auge, die unglaubliche Rückenflosse des gewaltigen Tieres, deutlich eine zweistöckige Häuserzeile überragend – und nachdem ich letztere umrundet hatte, bot sich meinem Auge ein Anblick, wie ich ihn wohl nie vergessen werde. Auf dem Marktplatz des Ortes standen wohl fünf von jenen Fischmodellen – das kleinste etwa von den Abmessungen eines Lastkraftwagens, das größte an die sieben Meter hoch und vom leicht geöffneten Mund mit seinen gefährlichen Zähnen bis zum Schwanz gute zwölf Meter messend. Auffällig war sofort die chaotische Anordnung, in der die Fische auf dem Platz herumstanden – und der Eindruck fortgeschrittener Entropie verstärkte sich zunehmend, je näher ich dem Szenario trat. Welche gleichsam die unerwartete Stille erklärte, mit der ich eigentlich nicht gerechnet hatte.

Denn da lagen sie, meine japanischen Freunde, in einer gewaltigen Lache des teuren *Kirin* und von einem regelrechten Wall leerer Bierdosen umgeben. Die wenigen, die noch sitzen konnten, rauchten wie die Schlote – und dann gab es noch einige, die im Schatten ihrer jeweiligen Brasse ganz einfach ihren Rausch ausschliefen. Offenbar hatten die Jungs eine harte, sehr harte Nacht hinter sich gebracht. So ein Brassenfest ist scheinbar kein Zuckerschlecken, dachte ich bei mir, wohl zweihundert von den jungen Kerlen hatte es böse niedergestreckt. Als ich dann von einer Gruppe von wohl acht jungen Männern wahrgenommen und klar als Langnase identifiziert worden war, rief einer von ihnen mir in leicht provokanter Weise ein erstaunlich flüssiges „How are you, Sir?“ entgegen. Nachdem ich den Betreffenden in bewußt formellem Japanisch davon in Kenntnis gesetzt hatte, daß es sich bei meiner Person tatsächlich um einen Deutschen handele, brachen alle Dämme und sofort schlug mir eine Welle der Sympathie entgegen. „*Shuhhmakeru*“ wurde mir anerkennend entgegengeschmettert, was die klare Begeisterung für den seinerzeit führenden Formel-1-Piloten aus Kerpen zum Ausdruck brachte. „Kaaahhn“ rief ein weiterer junger Mann und schnitt dabei unter dem großen Applaus seiner Kollegen eine Grimasse, die unserem guten Oliver mit Sicherheit zur Ehre gereicht hätte. Ja, so etwas finden die Japaner toll – und schließlich haben ihre *shôgun* auch immer so böse geguckt. Natürlich wurde ich dann auch zum Bier eingeladen – was mich einerseits sehr freute, was ich dann aber doch sehr höflich abgelehnt habe. Zu groß erschien mir der Vorsprung, den die Jungs hatten. Und außerdem war ja da auch noch die Sache mit den Brassen…

Dann war plötzlich helles Glockenschellen zu vernehmen, das vom nahen Schrein herzurühren schien. Langsam, sehr langsam rappelte man sich auf und in Gruppen von zwei bis vier half man sich gegenseitig zum Ort der anstehenden Segnungen.

Und als diese dann vorüber waren, schienen die jungen Männer tatsächlich wie geläutert – so als hätte eine himmlische Macht ihren Leberenzymen einen gewaltigen Schupps nach vorne verpaßt. Man begab sich – wenn auch nicht unbedingt übereilt – zur Brasse der jeweiligen Begierde und dann ging es tatsächlich langsam los.

Und das Geschäft ist tatsächlich Schwerarbeit, denn die Seebrassen haben das Rad noch nicht erfunden. Nur auf Stützen stehen sie und müssen mühsam in kleinen Sprüngen von vielleicht ein, zwei Metern nach vorne bewegt werden, wobei ein jeder wohl zwanzig, dreißig Sekunden in Anspruch nahm. Und nach jedem dieser Hüpfer war dann erstmal Pause – bis die Träger sich halbwegs wieder erholt hatten, die Köpfe nicht mehr in Tieforange erglühten. So ging es dann langsam, unendlich langsam weiter, fast zwei Stunden wurden letztlich für die einhundertfünfzig Meter vom Marktplatz bis nahe an das Wasser benötigt.

Und dann, was war dann? Unglaublich war die Spannung in mir gestiegen – jetzt würden die unglaublichen Brassen tatsächlich bald im Pazifischen Ozean dümpeln und ich würde alles auf Zelluloid bannen können, die Kamera für meine geliebte Frau daheim heißlaufen lassen – was für Bilder waren da wohl zu erwarten? Aber was machen die Kerle denn jetzt, wo laufen die denn alle hin? Immer mehr junge Männer kamen unter ihren Brassen hervor und machten sich auf den Weg zurück zum Marktplatz, wo sich schon jetzt viele neue Paletten mit *Kirin*-Bier stapelten. In meiner Verzweiflung befragte ich einen der herumstehenden Polizisten, wann denn endlich die Brassen zu Wasser gelassen würden. „*Ashita* (morgen)“, meinte der nur freundlich. „*Ashita, honto-ni* (morgen, tatsächlich)“ fiel mir da nur ein – die letzten Worte, die ich an diesem Tag noch sprechen sollte.

Hakone, *Tôkyô* und *Nikko*

Und eben diese Orte waren es auch, die Daniela und ich zum Abschluß unserer zweiten Japanreise besuchen sollten, nachdem ich für zwei Monate meiner Wissenschaft hatte frönen können. Diesmal waren es wohl sechs lange Wochen gewesen, bis mir meine Frau nach *Okazaki* folgte – nicht ohne die verbleibende Zeit zu nutzen, um dem gemeinsamen Leben wieder die gewohnte Qualität von Haus und Herd zu bescheren. Bis wir dann schließlich Mitte Juli 2005 unserem Dorf am *Otogawa* gemeinsam den Rücken kehrten. In der ausklingenden Regenzeit hatte sich das Wetter allmählich wieder beruhigt und irgendwie gewann man fast den Eindruck, daß auch die Abstände zwischen den einzelnen Taifunen langsam größer würden. Eine Annahme, die von einer gewissen hochstehenden Persönlichkeit am Abend vorher auf das Lebhafteste bestritten wurde. Aber ich will mich nicht wieder über den japanischen Humor auslassen – wenn er denn überhaupt existiert. Vielmehr gebe ich gerne zu, daß die damalige Feier zu Ehren unserer Abreise zu den lustigsten Abenden gehört, die ich je in Japan erlebt habe. Wir waren wohl zu acht, wie wir in jenen Gasthof traditioneller Aufmachung eingefallen sind – eine wirklich böse Truppe. Und wieder hatte Yasu es sich nicht nehmen lassen, die gesamte Zeche zu übernehmen – obwohl eigentlich Daniela und ich eingeladen hatten. Aber wie immer bestand da nicht der Hauch einer Chance…

Am nächsten Tage ging es dann in aller Beschaulichkeit mit einem der lokalen *futsû* (Bummelzüge) in die nahegelegene Hafenstadt *Toyohashi* – nachdem uns zuvor das immer zuverlässige „Taxi Okada" an der *Mishima*-Lodge aufgelesen und zur Station *Higashi Okazaki* überführt hatte. Nur ganz nebenbei bemerkt, war uns die Sanftheit allerbeider Vehikel an jenem sehr frühen Morgen durchaus angenehm. Allerdings war dann jede Müdigkeit verflogen, als uns der *Shinkansen* in guten zwei Stunden nach *Odawara* katapultiert hatte, eine Stadt, die etwa auf zwei Drittel der Strecke nach *Tôkyô* liegt. Erste Tat an jenem Orte war dann der Erwerb des „*Hakone* Free Pass" – eine höchst lukrative Ausgabe, die für die nächsten vier Tage zum

Preis von umgerechnet vierzig € pro Nase jedwede Art des weiteren Transportes unserer Personen beinhalten sollte – ganz gleich ob via Zug, Bus, Seilbahn oder gar Piratenschiff...

Nach weiteren sechzig Minuten kamen wir endlich im Ortsteil *Moto Hakone* an und keine zwanzig Meter von der Haltestelle entfernt befand sich dann auch unser Domizil für die nächsten drei Nächte, das „*Moto Hakone* Guest House". Zur Gruppe der *minshuku* gehörig, also der ausgewiesen einfacheren Unterkünften traditionell-japanischer Machart, war es durchaus mit allem ausgestattet, was des Reisenden Herz begehrt. So zum Beispiel auch mit einem winzigen *o furo,* der allerdings auf Grund einer gewissen Enge der Behausung quasi im Hochformat daherkam – und das bei einer Grundfläche von vielleicht sechzig mal achtzig Zentimetern. Meine Frau behauptet ja, tatsächlich in diesem Gefäß gebadet zu haben – aber für mich erschien mir das Ganze doch eher weniger geeignet. Denn wie ein Trockenversuch mir schnell klar werden ließ, hätte ich mich nur dann in dem Zuber niederlassen können, wenn eines meiner Beine draußen geblieben wäre – oder aber beide Unterschenkel und beide Arme, quasi als Bad in der Schwebe, wenn man so will. Ansonsten war die Unterkunft jedoch ausgesprochen charmant, wirklich wie geleckt und ich würde sie einem jeden Zeitgenossen ohne Einschränkungen empfehlen. Die Einnahme des Frühstücks erfolgte gemeinsam mit den anderen Gästen in der kleinen Küche, was durchaus eine gewisse Gemütlichkeit vermitteln konnte. Und die Freundlichkeit und Hilfsbereitschaft des einzigen Betreibers jenes Hauses ließ wirklich keine Wünsche offen.

So riet man uns denn auch in ehrlicher Begeisterung, die Kameras auf unserem halbstündigen Abstieg nach „Downtown"-*Hakone* in jedem Falle schußbereit zu halten. Denn heute stünden alle Zeichen günstig und möglicherweise würde ER sich ja tatsächlich zeigen, der unweit gelegene *Fuji-san,* unglaublicher Berg Japans und das wohl berühmteste Wahrzeichen des gesamten Landes überhaupt. Wobei gleichzeitig voller Stolz auf eine dieser farbenfrohen Kalenderaufnahmen verwiesen wurde, die eine nahe Wand der Behausung zierte: im Hintergrund *Fuji-san* mit seinem wolkengekrönten Haupt und davor der *Ashi*-See mit dem roten *torii* des *Hakone*-Schreins – Herz, was begehrst Du mehr?

Also machten wir uns erwartungsfroh auf den Weg nach *Hakone*, unserem Dorf am See – und einem der beliebtesten Ausflugsziele Japans im allgemeinen und von *Tôkyô* im besonderen. Allerdings waren wir dann doch noch weiter vom Pulitzer-Preis entfernt als zunächst geglaubt, denn von IHM war tatsächlich nicht der Hauch einer Spur. Ansonsten fanden wir das Städtchen aber durchaus proper, etwas zu touristisch vielleicht, wollte man meinen – ein Eindruck, der sich im folgenden durchaus noch verstärkte. Denn außer einem winzigen Supermarkt und drei bis vier Restaurants fanden wir ausschließlich Läden mit diversen Andenken und Kleintextilien vor. Und die machten nun auch noch – es war mittlerweile gerade mal kurz vor fünf Uhr nachmittags – einer nach dem anderen dicht. Dasselbe galt erschreckenderweise auch für die wenigen Restaurants, mit der einen löblichen Ausnahme nur: einem Fischrestaurant, das – man höre und staune – bis 21:00 Uhr geöffnet haben sollte.

Offenbar war es so, daß *Hakone* nach Abreise seiner Tagestouristen in einem regelrechten Dornröschenschlaf versank – und wir zwei Zwerge aus dem fernen Abendlande mitten drin. Es gelang uns noch gerade, im Supermarkt eine kleine Flasche *sake* zu erstehen – als eiserne Reserve sozusagen, man weiß ja nie – und dann setzten wir uns erst einmal verliebt auf eine der vielen freien Bänke und schauten über den romantischen *Ashi*-See mit dem herrlichen roten *torii.* Das allerdings ganz plötzlich verschwunden war – und überhaupt schien das Wetter stetig schlechter zu werden. Bis schließlich dichte Nebelschwaden vom See heranzogen und man fast die Hand nicht mehr vor Augen sah. Mit knapper Not schafften wir es gerade noch in das Fischrestaurant hinein – während draußen „The Fog“ sein Unwesen trieb.

Allerdings ähnelte die Lokalität mit Namen *Sato Suisen* auf den ersten Blick eher einer Aquarienanlage, denn einem Restaurant – ein Umstand, der sich letztlich jedoch außerordentlich günstig auf unser leibliches Wohl auswirken sollte. Im Speiselokal waren nämlich fünf bis sechs gewaltige Becken aufgebaut, die alle wohl an die fünfhundert Liter groß waren, kreuz und quer angeordnet – und bis oben hin voll mit Fisch.

Nun gehörte frischer Aal offenbar zu den ausgewiesenen Spezialitäten des Hauses und nach einigen tiefen Zügen *Asahi* vom Faß wurde dann auch guten Mutes bestellt, während die Welt draußen praktisch nicht mehr existent war – aber das war uns für den Moment erst einmal egal. Und daß wir zu jener Zeit im Lokal selbst die einzigen Gäste waren, mußte auch nicht unbedingt einen Mangel an Unterhaltung bedeuten. Denn kurz nach Aufgabe unserer Bestellung eilte ein ausgesprochen kleiner, doch drahtiger Japaner aus der Küche zu einem der hintersten Becken – in regelrechtes Ölzeug gewandet, sowie bewaffnet mit Köcher und Haken, die ihn allerdings deutlich an Länge überragten. Und dann war da noch die kleine Leiter, die an das Becken gelehnt und sogleich behende von dem Mann bestiegen wurde. Natürlich führte das ganze Manöver bei der Gruppe von fünf, sechs fetten Aalen, die sich in dem Behältnis umeinander wanden, zu einer gewissen Irritation – aber ganz chancenlos waren die Tiere nun auch wieder nicht. Tatsächlich gestaltete sich der Aalfang ausgesprochen schwierig, immer wilder wurden Mensch und Fisch, immer höher schlugen die Wellen, bis – man glaube es oder nicht – der Koch um ein Haar in das Becken hineingefallen wäre. Nur der schnelle Griff an den Beckenrand mit der einen Hand, das Abstützen vermittels Netz am Boden mit der anderen verhüteten im letzten Moment das Unglück – und, oh Wunder, das Netz war außerdem beim Herausziehen mit einem fetten Aal gefüllt. Offenbar hatte keines der Tiere mit einem solch ungewöhnlichen Trick gerechnet. Schnell war der Japaner in seiner Küche verschwunden, nur zwei, drei dumpfe Schläge waren noch zu vernehmen – offenbar mit stumpfer Waffe ausgeführt – dann war erst einmal Ruhe. Und wir bestellten uns in bester Laune das nächste Bier.

Tatsächlich gehörte das nun folgende Gericht zu dem köstlichsten Fisch, den wir je in Japan gegessen haben. Etwas schade fanden wir nur, das wir die Geschehnisse des Abends nicht aufgezeichnet hatten, denn rein technisch gesehen wäre das mit unserer Ausrüstung durchaus möglich gewesen. Nun, wie so oft im Leben ist die Erinnerung das Einzige, was einem letztlich bleibt. Gott-sei-Dank hatte sich der Nebel in der Zwischenzeit etwas gelichtet und behinderte so in keiner Weise unseren Weg zurück zum trauten Heim. Dort angekommen gingen wir früh zu Bett – natürlich nicht bevor die aufregenden Ereignisse der jüngsten Zeit bei einem guten Schluck *sake* verarbeitet waren.

Am nächsten Morgen beschritten wir – bei immer noch neblig trübem Wetter – den historischen *tokaidô,* eine mit grobem Stein bepflasterte Straße aus dem frühen siebzehnten Jahrhundert, die keinen Steinwurf von unserem *minshuku* entfernt lag und die uns – von *Okazaki* kommend (!) auf kaum zwei Metern Breite in das nahegelegene *Yumoto* führen sollte. Malerisch und wildromantisch gestaltete sich die Wanderung, wie der Weg sich so durch das Dickicht schlängelte, stellenweise mit dichtem Moos bewachsen. Wobei letzteres uns allerdings mehr als einmal – trotz bester Wanderausrüstung – einem Oberschenkelhalsbruch gefährlich nahe brachte und auf diese Weise den Genuß der wirklich entzückenden Natur beeinträchtigte. Mit Bahn und Bus ging es dann weiter zum berühmten „*Hakone* Botanical Garden of the Wetlands", ein absolutes Muß für jeden Freund spektakulärer Vegetationen, insbesondere wenn der Betreffende mit leistungsfähiger Optik für den Nahbereich unterwegs ist. Gut zwei Stunden – oder fünfzig digitale Aufnahmen – später ging es dann per Bus in den kleinen Ort *Togendai* am *Ashi*-See.

Und dann? Ja, dann haben wir es tatsächlich getan! Denn schließlich war es schon fast 17:00 Uhr, der Fußweg nach *Hakone* würde sich auf mindestens zwei weitere Stunden belaufen, wir waren hungrig, wir waren durstig – und nicht zuletzt waren wir neugierig auf die abendlichen Darbietungen in unserem Fischrestaurant. Also bestiegen wir gerade noch rechtzeitig das unglaubliche Piratenschiff – dessen Benutzung tatsächlich und sehr zu unserem Vergnügen im „*Hakone* Free Pass" mit eingeschlossen war. Das Gefährt war wohl an die vierzig Meter lang und natürlich mit der neuesten Technik ausgestattet – ansonsten war es aber eine stilistische Verirrung, wie man sie sich schlimmer nicht vorstellen kann. Zunächst einmal wurde die ganze Seite von einem überdimensionierten „Union Jack" verunziert, der allerdings unter den vielen goldenen Beschlägen und bei der Unmenge an Kanonen kaum noch wahrzunehmen war. Auf dem hinteren Oberdeck blitzte ein goldener Pavillon – und von gleicher Couleur war dann auch die Galionsfigur, ein Reiter im gestreckten Galopp, der dem ganzen Elend mit gezogenem Säbel zu enteilen suchte. Einige Piraten gab es auch, überlebensgroß und ganz aus Plastik, wie sie aus allen Rohren schießend in der Takelage hingen oder – als willkommenes Motiv an Deck – grimmig schauten und die Kindertränen rollen ließen. Man stelle sich ein Szenario vor, wie sich Peter Pan und Captain Hook – nach Anblick eines solchen Schiffes – einmütig schluchzend in den Armen lägen...

Es mag sich wohl durch diese Überfahrt erklären, daß meine arme Frau, endlich gelandet, wie von Sinnen auf einen kleinen Steg mit Tretbooten zustrebte, die findige Japaner zu entzückenden Riesenschwänen stilisiert hatten, ein jeder freundlich lächelnd und mit einem lustigen Zylinder auf dem Kopf; der farblich auf den Unterbau der ansonsten weiß gehalten Konterfeis abgestimmt war – will heißen: rot, pink oder türkis. Tatsächlich entwickelte sich in diesem Moment eine der wenigen Verstimmungen in unserer Ehe. Denn Daniela hatte sich einfach in den Kopf gesetzt, mit einem dieser Gefährte auf dem *Ashi*-See herumzudümpeln – ein Unterfangen, dem ich meinerseits mit völliger Ablehnung entgegenstand. Zum einen lag diese in der anatomisch-physiologischen Gegebenheit begründet, daß es sich mit den Knien an den Ohren eben sehr schlecht radelt. Zum anderen waren immer noch ungewöhnlich viele japanische Touristen auszumachen, wie immer bestens ausgerüstet mit allem, was die aktuelle Photo- und Videotechnik des Landes so zu bieten hat, und mit Sicherheit nur darauf lauernd, daß sich ein athletisch gebauter Deutscher in einem dieser Schwäne verkeile – Lohengrin läßt grüßen. So viel Völkerverständigung mußte nun auch nicht sein und entsprechend war meine Antwort ein klares „Nein, nicht mit mir, niemals!"

Als einzige Möglichkeit, die Stimmung meiner Frau zu heben, kam mir das nahe Fischrestaurant in den Sinn und also zog ich sie – immer noch lamentierend – hinter mir her bis mitten hinein in unser geliebtes Lokal. Und beim ersten eiskalt servierten *Asahi* umspielte dann auch wieder der Ansatz eines Lächelns Danielas Lippen – allerdings nur bis sie erfuhr, daß für heute alle Aale aufgegessen waren. Also keine Stunts des Personals, keine Lieblingsspeise, nur *sushi* und *sashimi* standen noch auf der Karte, was für ein furchtbarer Tag – die arme kleine Frau!

Aber immer, immer wieder geht die Sonne auf und tatsächlich tat sie dieses am herrlichen Morgen des folgenden Tages in doppeltem Sinne. Gleich nach dem Frühstück machten wir uns auf zu einer wahrlich wundervollen Tour, die mit der Besichtigung des Schreins von *Hakone* begann – der, weil direkt am See gelegen, allerdings nur erreichbar ist, wenn man zuvor einen kleinen Steg mit Tretbooten passiert. Was von meiner lieben Frau mit einem deutlichen Knurren kommentiert wurde. Die Pracht des Schreines war dann aber von solcher Qualität, daß jedes Tretboot schnell vergessen war, und mit dem prächtigen Rot der Hölzer und dem strahlenden Gold der Ornamen-

der Eingang zum Tempel von Hakone

te – alles unter Erfurcht gebietenden Zedern und bei stahlblauem Himmel – war unser Gemüt bestens auf die Ereignisse des Tages eingestimmt.

Und der Weg am östlichen Ufer des *Ashi*-Sees entlang nach Norden bis hin zum kleinen Ort *Togendai* war dann auch wirklich ein Erlebnis. Angenehm schattig verlief unsere Wanderung, immer mit Blick auf den See, der an diesem Morgen funkelte wie ein Türkis. Allerdings war *Fuji-san* wieder einmal nicht auszumachen, verbarg sich – wie und wo auch immer – obwohl wir eigentlich nur noch einige wenige Kilometer von diesem großartigen Wahrzeichen entfernt sein konnten.

Von *Togendai* ging es dann mit der Seilbahn ins östliche Gebirge, zunächst mit einer eher klassischen Variante, dann aber – ab der zweiten Station – mit einer absoluten Hightech-Maschinerie und in ultramodernen Gondeln. Atemberaubend war der Blick, wie wir hunderte Meter hoch über die Landschaft schwebten, vorbei auch an den gewaltigen *Owakudani*-Mienen, wo die Japaner Schwefel im Tagebau gewinnen, ein überwältigender Anblick, der Berg wohl zweihundert Meter tief ausgehöhlt und die Hänge mit gewaltigen Konstruktionen aus Beton abgefangen. Selbstredend wurde auch dieser äußerst interessante Trip durch den „*Hakone* Free Pass“ abgedeckt, einer der besten Käufe, die wir je getätigt haben. Gleiches galt dann auch für die *Sounzan*-Kabelbahn, das letzte Vehikel auf unserem Wege zum winzigen Städtchen *Gora.* Gerade diese Bahn war an jenem Tage bummvoll mit japanischen Touristen, erlaubte sie doch in bester Manier das Bestaunen der üppig wuchernden Hortensien, die sich zu jener Zeit in verschwenderischer Blüte zeigten.

Nach dem Mittagessen in einem „italienischen Restaurant“, die Bedienung italienisch, der Koch japanisch – leider nicht umgekehrt – machten wir uns an die Besteigung des achthundert Meter hohen Berges *Sangen.* Ich weiß nicht, welcher Teufel Daniela bei der Ausarbeitung dieser Tour geritten haben mag – vielleicht war es eine Art intuitiv/präventiver Wunsch nach Rache für diese Tretboot-Geschichte, so etwas soll es bei Frauen ja geben – aber als wir endlich oben angekommen waren, fühlte ich mich bis an die Grenzen meiner Leistungsfähigkeit erschöpft, hatte keinen trockenen Fetzen mehr am Leibe. Nur um auf dem Gipfel eine ausladende Parklandschaft mit englischem Rasen, gepflegten Hortensien und teuren Bänken vorzufinden. Was in seiner Banalität in keiner Weise zu meinen Strapazen paßte, wie ich fand.

Aber lange blieb uns die befremdliche, menschenleere Harmonie des Ortes sowieso nicht mehr erhalten, denn wieder führten plötzlich auffrischende Winde eine Wand mit dichten Nebelschwaden heran, daß es uns nur so gruselte. Und fluchtartig verließen wir den Berg, immer wieder auf den ausgewaschenen Wegen über Wurzeln stolpernd, bis wir endlich mit dem letzten bißchen an Sicht das Tal erreichten. Nach kurzem Blick auf die *Chisuji*-Wasserfälle, die wir als „wenig spektakulär" identifizierten, ging es hinein in den Bus und zurück an die Gestade des *Ashi*-Sees in Hakone.

Dort zeigte sich das Wetter deutlich von seiner besseren Seite und plötzlich – man ahnt es nicht – klarten die Wolken für wenige Sekunden auf und tatsächlich sahen wir IHN, *Fuji-san* mit seinem unverkennbaren Gipfel, was für ein Erlebnis, welch eine Pracht. Flugs war die Kamera ans Auge gebracht. Doch just in diesem Momente zerschnitt ein Motorboot die Harmonie des Augenblicks – und in seinem Schlepptau eine Perlenschnur von drei Schwanenbooten, die sich auf dem Weg in ihr Nachtquartier befanden.

Ich konnte es nicht fassen, ich war außer mir! Natürlich war die Wolkendecke in genau dem Moment wieder verschlossen, als die Tretboote den Sucher meiner Kamera verlassen hatten. Das ist zwar oft so im Leben – aber diesmal war es eine besonders herbe Enttäuschung! Und in diesem Moment schwor dann auch Daniela den Schwanenbooten ab, vermittelte mir so das Gefühl von kameradschaftlicher Geborgenheit. Welches sich im weiteren Abend noch weiter verstärken sollte – bei eiskaltem *Asahi* und *shabushabu* von frischem Seegetier, in unserem ach so geliebten Fischrestaurant.

* * *

Am nächsten Morgen machten wir uns früh auf den Weg – erst per Bus, dann mit dem *Shinkansen* ging es in die Hauptstadt unseres geliebten Japan, auf die wir so sehr neugierig waren. Daniela hatte für uns in einem *ryokan* in *Asakusa* gebucht, einem der wenigen historischen Stadtteile der Metropole. Die folgende U-Bahn-Verbindung in *Tôkyô* war übrigens ganz ausgezeichnet – jedenfalls vom Prinzip her. Allerdings bedurfte es unserer gesamten Intuition und der Mitwirkung vieler – von uns zusätzlich – strapazierter Pendler, um uns durch die gewaltigste *chikatetsu*-Station dieser Welt zu navigieren. Was zum einen an der sparsamen, fast ausschließlich japanisch gehaltenen Beschilderung lag, dann aber auch an gewissen ethnischen Besonderheiten bei der Logistik der Wegführung, zu deren Verständnis uns ganz einfach der Intellekt fehlte. Und die Bewältigung der ewigen Stiegen – auf und ab mit schweren Koffern und ohne jede Hoffnung auf Rolltreppe oder gar Aufzug – war auch nicht angetan, unsere Laune zu heben.

Allerdings schlug unsere Erschöpfung sofort in beste Laune um, als wir *Asakusa* erreichten. Von der U-Bahn-Station waren es gerade anderthalb Steinwürfe bis zu unserem *ryokan* und tatsächlich führte

der Kannon-Tempel in Asakusa

unser Weg mitten durch eine doppelte Zeile bezaubernder Marktstände, der *Nakamise*-Gasse, in der sich in früheren Zeiten die Besucher des nahen *Kannon*-Tempels mit dem Nötigsten eingedeckt haben. Während zu unseren Zeiten – neben wenigen Artikeln fürs tägliche Leben – vor allem ein breites Angebot an Mitbringseln für die Daheimgebliebenen feilgeboten wird. Und natürlich diese ewigen Plastikmonster, Wurfsterne und Laserschwerter – es war gerade „StarWars Episode III" in den Kinos angelaufen – ohne die man sich den Spaziergang einer japanischen Familie einfach nicht vorstellen will, jedenfalls nicht in Harmonie. Und an diesem wunderschönen Vormittag brodelte denn auch im weiten Umkreis um den Tempel das japanische Leben – und wir mittendrin. Ebenso unser *ryokan Shigetsu,* eine gelungene Kombination von klassischer Aufmachung mit modernem Komfort und als ausgewiesene Besonderheit ein wunderschöner *o furo* in der obersten Etage, und zwar mit dem Blick auf den abendlich blutrot strahlenden Tempel samt Pagode – ein Anblick, den wir zu jeder Nacht mit Genuß in uns aufnahmen.

Andererseits waren wir im Moment erst einmal hungrig – und außerdem hatte ich bei der Kofferschlepperei sehr viel Flüssigkeit verloren, was die Aufnahme von Elektrolyten/Osmolyten dringlich machte. Wie zufällig stach uns da ein kleines Restaurant vis-à-vis unseres Hotels ins Auge, das sich auf das besondere Ritual der *okonomiyaki* spezialisiert hatte. Man sitzt an niedrigen Tischen, in die eine große, rechteckige Herdplatte integriert ist, gasbefeuert und unglaubliche Hitze verbreitend. Und auf diesem Gerät wird dann vom Gast höchstselbst eine Art von Pfannekuchen gebrutzelt, wobei verschiedene Arten von Teig und spezielle Ingredienzien gereicht werden – je nach Wunsch und Speisekarte. Nach der Fertigstellung verteilt man auf dem Objekt eine spezielle süßlich-pikante Sauce von bräunlicher Couleur sowie einen dünnen Strahl Salat-Mayonaise (!), je nach Geschmack und mit ganz individuellem Muster. Außerdem wird fleißig eiskaltes Bier getrunken, denn anders ist das Ganze kaum auszuhalten.

So gestärkt und mit neuem Mut begaben wir uns wieder in die U-Bahn und zwar sollte das Highlight des heutigen Nachmittags die *Ginza* sein, das absolute Zentrum des Kommerzes in *Tôkyô* – und damit in ganz Japan. Im Herzen des Stadtteils *Ginza* liegt diese eine

Kreuzung mit den quadratisch angeordneten Fußgängerüberwegen – die quasi auch noch durchgeixt ist – und auf der bei den konzertierten Grünphasen Tausende Japaner aufeinander zu und irgendwie aneinander vorbeiwuseln. Ein jeder hat dieses Szenario schon einmal verfolgt, zumindest am heimischen Bildschirm. Es mag an Danielas guter Laune gelegen haben – und vielleicht auch daran, daß die *Ginza* bekanntermaßen im Dunkeln noch viel interessanter wirkt – jedenfalls zog mich meine Frau irgendwann unerwartet doch ohne jeden Widerstand in eines der nahen Lichtspielhäuser, in dem vor wenigen Tagen die besagte Episode III angelaufen war. Tatsächlich genoß ich die Darbietung sehr und sicher stellt der Film das absolute Highlight der StarWars–Reihe dar. Alles war von faszinierender Qualität und in sich stimmig – Mythos und Dramaturgie, Spezialeffekte und Darsteller. Und bei Daniela revanchierte ich mich mit dem Kauf eines gewaltigen Bechers *Godzilla*-Popcorn, gesalzen natürlich.

Als wir das Kino verließen, war der Himmel tatsächlich schwarz geworden – aber dunkel war es beileibe nicht. Vielmehr glühte die *Ginza* in all ihrer Pracht, jedes Geschäft war strahlend hell erleuchtet, ein unglaubliches Meer an Farben drang in unsere Augen – und ganz offensichtlich gab es an diesem Ort absolut nichts, was nicht in irgendeiner Weise angeboten wurde. Bekleidung, Luxuskarossen, Schuhe, Fressalien und natürlich Elektronikartikel jedweder Art, Restaurants mit allen Spezialitäten dieser Welt, die edelsten Kaufhäuser ganz Japans waren hier vertreten – und mitten darin ein *kabuki*-Theater, vor dem japanische Paare artig auf ihren Einlaß warteten. Über den Köpfen dann die Leuchtreklamen, gleißend, gewaltig und in ewiger Bewegung, wie sie mit den Nobelnamen dieser Welt die Nacht zum Tage werden ließen. Einige Zehntausende waren an diesem Freitagabend auf den Straßen der *Ginza,* ein regelrechtes Geschiebe und Gedränge hatte eingesetzt – und offenbar waren die meisten Japaner bereits in der allerbesten Stimmung.

Mit ihnen gleichzuziehen war uns auf dem Boden der *Ginza* dann allerdings kaum mehr möglich, denn in den meisten Restaurants hätte bestenfalls noch ein Aal seinen Platz gefunden – ganz sicher aber nicht ein Paar athletisch gebauter Mitteleuropäer. Deshalb – und auch auf der Basis gewisser anderer logistischer Erwägungen – zog es uns zurück nach *Asakusa* und in die Nähe unseres geliebten *ryokan.* Und im *Asadori* ergatterten wir dann tatsächlich einen Tisch, an dem wir kurz darauf mit einer weiteren Spezialität des Landes konfrontiert wurden, dem *kamameshi,* einem Reisgericht in einer kleinen gußeisernen Kasserole, mit typischem Holzdeckel verschlossen und auf kleinem Rechaud am Tisch gegart, und zwar

die weltberühmte Ginza von Tôkyô

zusammen mit einer Vielzahl weiterer möglicher Ingredienzien – in unserem Fall war es köstlicher Aal. Allerdings kam ich auch nicht an einigen der ach so schmackhaften *yakitori* vorbei, die tatsächlich eine meiner sehr persönlichen Leibspeisen sind. Der Abend klang im *o furo* des *ryokan* aus, gefolgt von tiefem und erquickendem Schlaf.

Am nächsten Tag folgte die Besichtigung des Kaiserpalastes und der kaiserlichen Gärten, wobei ersterer dem Japanreisenden erst nach einer relativ aufwendigen Beantragung mit einigen Wochen Vorlauf zugänglich wird – über die natürlich der einwandfreie Leumund des Betreffenden sichergestellt werden soll. Tatsächlich liegen die Palastgebäude im Inneren einer gewaltigen Festungsanlage, die sich mitten im Herzen von *Tôkyô* über ein Areal von etwa einer Millionen Quadratmetern erstreckt und die durch ihre flache Bauweise im grotesken Gegensatz zu den himmelstrebenden und ultramodernen Gebäuden in ihrer direkten Nachbarschaft steht – deutlicher kann dem Besucher Japans der Gegensatz zwischen Tradition und Moderne des Landes kaum gemacht werden. Allerdings stammen die Gebäude des Palastes selbst aus den späten 60er Jahren des vergangenen Jahrhunderts und wirken hierdurch – bei aller vorhandenen Eleganz – eher ein wenig profan. Und daran ändert auch die verschwenderische Weitläufigkeit, durch die sich das gesamte Areal auszeichnet, leider nicht unbedingt viel. Da waren die kaiserlichen Gärten schon eher nach unserem Geschmack, denn die zeigten tatsächlich eine klassische Harmonie, die ihresgleichen sucht – und entsprechend gerne und lang hielten wir uns in dieser grünen Oase im Herzen der pulsierenden Metropole auf.

Zurück in *Asakusa* ging es zunächst zum „Sundowner" in das nahe Stammhaus der *Asahi*-Brauerei, ein architektonisch interessanter Gebäudekomplex, der neben einem gelbmetallisch schimmernden Hochhaus von vierzig Etagen – und mit einer silbernen Krone darauf – aus einem interessanten, etwas kleineren Glasaltar von dunkler Couleur besteht, auf dessen Dach sich ein höchst eigentümliches Objekt befindet. Ausgewiesenermaßen handelt es sich bei der rundlichen Skulptur – die wohl acht Meter hoch und fünfundzwanzig Meter lang ist und in strahlendem Gold daherkommt – um eine horizontal dahinlodernde Flamme. Wobei man sich als unbedarfter Europäer natürlich fragt, was eine solche denn wohl mit dem Bier der Firma *Asahi* zu tun haben könne. Auch erinnert das Gebilde eher an einen spitz zulaufenden Rettich, der sich in leichten Wallungen befindet. Eigentlich – und nur um die Beschreibung auf den Punkt zu bringen – ist das Ganze aber einer gewaltigen Portion Hundekot am ähnlichsten. Wobei ich natürlich sehr darum bitte, letztere Beschreibung als rein akademisch zu werten! Im Erdgeschoß des Ensembles fanden wir dann eine ganz bezaubernde Bar vor, die sich zur Straße hin weit öffnete und ihren Gästen so das Flair eines Biergartens vermittelte.

Wobei dieses Gefühl der Geborgenheit für uns ebenso vonnöten war wie der Sundowner selbst – denn für den heutigen Abend brauchten wir doch etwas Mut. Schließlich war zum allerersten Mal der Besuch eines *fugu*-Restaurants geplant, einer jener sehr japanischen Institutionen, in denen speziell ausgebildete Köche den Kugelfisch zubereiten, der in seinen Innereien das sogenannte Tetrodo-

Abendszene in Asakusa

toxin enthält, eines der stärksten Nervengifte unserer Welt. Selbst die allerkleinste Ungeschicklichkeit bei der Präparation des Tieres kann zum schnellen Tod des Gastes führen, was die jahrzehntelange Ausbildung des Küchenpersonals erklärt – und ebenso die horrenden Preise für diese Spezialität. Das ließ uns natürlich auf eine ausgesprochene Delikatesse hoffen – warum sonst sollte jemand freiwillig ein solches Risiko eingehen? Oder hatte das Ganze mit der Lust auf Gefahr zu tun, wie sie den Japanern bisweilen angedichtet wird? Auch hatte ich mehrfach gelesen, daß es gerade eines gezielten, winzigen Hauches des Toxins bedürfe, um den Genuß von *fugu* tatsächlich zum perfekten Erlebnis werden zu lassen – weil dieser nämlich zu gewissen „Sensationen" führe, und zwar speziell im sexuellen Bereich...

Nun, wir würden es herausfinden – zumindest trauten wir uns durchaus zu, die kulinarischen Bestandteile des *fugu*-Mythos zu evaluieren. Dazu möchte ich vorausschicken, daß die Sinnesphysiologen meiner Zunft die Menschheit in „Wenigschmecker", „Mittelschmekker" und „Vielschmecker" eingestuft haben – und daß Daniela und ich ganz klar der letztgenannten Gruppe angehörig sind. Was zum einen natürlich sehr schön ist und außerdem die Partnerschaft harmonisiert – andererseits aber auch für eine gewisse Anspannung unserer Finanzlage sorgt. Jedenfalls wurden wir von den Betreibern des *fugu*-Restaurants sehr herzlich empfangen – nachdem wir das große Aquarium mit den vor sich hindümpelnden Kugeltieren passiert hatten. Tatsächlich waren wir zunächst die einzigen Gäste und unsere ethnische Zugehörigkeit erhöhte noch das Interesse des Personals. Hinzu kam auch, daß Theke und Küche des Lokals anderthalb Meter oberhalb unseres Tisches angeordnet waren und außerdem das Verhältnis von Gast zu Betreibern bei etwa eins-zu-drei lag. Mit anderen Worten: Wir brauchten uns um eine intensive Betreuung keine Sorgen zu machen. Der erste Gang bestand dann aus *sashimi* – natürlich vom *fugu* – und das war so dünn geschnitten, daß es wie ein Hauch den Rand des Tellers zierte, eine ausgesprochene Kostbarkeit, wie uns klar wurde. Allerdings war der Geschmack in keiner Weise besonders, leicht salzig natürlich, aber ohne jedes spezielle Aroma, eher langweilig im Vergleich zu anderen Arten. Als Hauptgang wurde dann Kugelfisch in Gemüsesud gereicht, mit einem kleinen Rechaud sehr stimmungsvoll am Tisch gegart. Aber auch jetzt kam der Edelfisch ausgesprochen fad daher, einzigallein das Beiwerk war pikant. Und bezüglich eventueller Sensationen? Nun, ein leichtes Prickeln in der Oberlippe war da schon zu verzeichnen – darin waren wir uns einig – aber das blieb wo es war und war dann auch noch schnell verschwunden. Was für eine Enttäuschung – und das zu einem Preis von fast zweihundert €. Und wie peinlich, daß man uns den Mangel an Begeisterung auch noch anmerkte. Seitdem haben wir unsere *fugu*-Erfahrungen mit vielen japanischen Freunden diskutiert – viele geben uns Recht, andere wiederum sprechen uns ganz einfach die nötige Sensorik ab, was ich aber nicht glauben mag. Uns erinnert das ganze Geschäft eher an „Des Königs neue Kleider".

Am nächsten Morgen interessierte uns das ganz neue *Tôkyô* mit seiner ultra-modernen Architektur und wir fuhren mit dem Zug über

die Regenbogenbrücke nach Odaiba

die atemberaubend schöne „Regenbogenbrücke“, die uns in eleganten Bögen nach *Odaiba* führte, ein typisches Produkt japanischer Landgewinnung – aber in Ausmaßen, die jeden Besucher schaudern lassen. Den besten Eindruck von der Gewaltigkeit des Unterfangens erhält man wohl vom überdimensionalen Riesenrad des zentralen Vergnügungsparks, das – bald vierzig Stockwerke hoch – den Blick vom offenen Meer bis hin zurück zum weiß-rot gestrichenen Gerüst des „*Tôkyô*-Towers“ streifen läßt. Riesige Flächen wurden dem Meere abgerungen und in futuristische Container-Bahnhöfe, Fabrikareale, Büroinseln, ja ganze Kleinstädte verwandelt. Alles verbunden durch grazil geschwungene Straßenzüge, wie sie sich mit eleganter Leichtigkeit über die Gesetze der Schwerkraft hinwegzusetzen scheinen. Unglaublich, was die Japaner hier geschaffen haben – und dabei sind, weiter zu kreieren. Alles von scheinbarer Leichtigkeit getrieben, gleichermaßen von übergreifender konzeptioneller Reinheit und gemeinsamer Ästhetik beseelt, dabei aber jedem Gebäude, jedem einzelnen Komplex Platz lassend für seine ureigene Identität, seinen individuellen, ganz speziellen Stil und Charakter. Hier kommt der Liebhaber moderner Architektur wahrlich auf seine Kosten – und uns fehlten für den Moment tatsächlich die Worte.

Wieder auf dem Boden der Tatsachen zurück, führte uns unsere Neugierde in das nahe Ausstellungshaus der Firma *Toyota.* Über drei gewaltige Etagen samt Innenhof präsentiert die Autofirma hier alles, was sie so zu bieten hat – inklusive Formel-1-Boliden, den neusten Cabrio-Modellen sowie dampfaktuellen Entwicklungen auf technischem Gebiet. Und davon hatte es uns eine besonders angetan. Es handelte sich um einen Kleinstwagen besagter Firma, der – man höre und staune – völlig selbständig das innere und äußere Firmengelände durchlief, nur durch irgendwelche elektronischen Kniffe geleitet, wobei sich das Lenkrad des Vehikels wie durch Geisterhand in ständiger Bewegung befand. Bei der Einweisung durch eine bezaubernde junge Japanerin, die ein fast lupenreines Englisch von sich gab, wurde uns klar gemacht, daß wir zur Bewältigung der Fahrt nichts, aber auch gar nicht beizusteuern hätten – alles, wirklich alles würde durch die hochintelligente Maschinerie für uns erledigt. Insbesondere sollten wir doch bitte, bitte dem großen gelben Knopf im Zentrum der Mittelkonsole keinerlei Beachtung schenken. Denn der sei ausschließlich für eventuelle Notfälle gedacht, und die Betätigung des großen gelben Knopfes würde das gesamte System zum sofortigen Absturz bringen, jedwedes Gefährt auf dem Parcours zur Vollbremsung veranlassen und beim Leiter des Projektes erfahrungsgemäß einen erheblichen Nervenzusammenbruch hervorrufen. Und zwar wisse sie, wovon sie da rede – denn leider sei der große gelbe Knopf etwas unglücklich angebracht und so schon einige Male von den Passagieren betätigt worden, unbeabsichtigt natürlich, durch prall gefüllte Einkaufstüten etwa. Und dann müsse das gesamte System über Stunden neu „gebooted" werden...!

Nun denn, da saßen wir also in unserem Miniaturfahrzeug und bewegten uns mit der affenartigen Geschwindigkeit von zwei bis drei Stundenkilometern durch die heile Welt von *Toyota* – natürlich angeschnallt, denn man wisse ja nie. In den ersten Minuten fanden wir das Spiel noch recht putzig und entsprechend wurde eine Serie von Bildern gemacht (so mit der Kamera am ausgestreckten Arm, Sie kennen das), wie wir offensichtlich ohne irgendeine Aktivität nebeneinander in einem Auto saßen und doch von diesem durch die Gegend manövriert wurden. Aber dann wurde uns zunehmend langweilig – und immer war da dieser große gelbe Knopf, direkt vor unseren Augen. Ich habe ihn dann doch nicht betätigt, keine Frage, obwohl ich mich manchmal dabei ertappte, wie ich geradezu zärtlich darüberstrich. Letztlich war es dann wohl meine sprichwörtliche Höflichkeit, die den Eklat verhindern half – vielleicht noch unterstützt von einigen Seitenhieben meiner gereizten Frau. Jedenfalls hatte ich nach dieser Fahrt eine ungefähre Vorstellung davon, wie sich mancher Zwangsneurotiker so fühlen mag.

Es folgte ein sehr entspannender Spaziergang am aufgeschütteten Strand der Insel entlang, vorbei an dem futuristischen Gebäude von *Fuji*-TV mit seiner gewaltigen Kugel – zentrales Element in der hypermodernen Konstruktion nach Art eines Stabilbaukastens – weiter dann zu einer verkleinerten Ausgabe der „Statue of Liberty", bis hin schließlich zu den himmelhohen Apartmenthäusern, zu deren Füßen Restaurants und Supermärkte auf ihre Kunden warteten. Alles war da, alles wurde den Bewohnern der Insel geboten – und alles war perfekt und in Harmonie aufeinander abgestimmt. Aber würden wir so leben wollen?

Ein ultramodernes Gefährt – eher Raumschiff als Boot – führte uns im grellen Licht seiner Neonanimationen wieder zurück nach *Asakusa* und in diesen dreißig Minuten der Fahrt jagte nochmals eine Sensation die nächste, vieles was *Tôkyô* an moderner Architektur zu zeigen hat, glitt im Abendlicht an uns vorüber. Bis die Gebäude langsam wieder älter wurden, kleiner, vertrauter – und wir letztlich wieder heimgekehrt waren aus dieser neuen, unglaublichen Welt.

Für den Rest des Abends sehnten wir uns nach dem traditionellen Japan und tatsächlich hatte Daniela schon vor Wochen vom berühmten *okonomiyaki*-Lokal *Sometaro* in *Nishi-Asakusa,* also im Westen unseres Viertels gehört – ein absoluter Klassiker seiner Kategorie. Nun wird der geneigte Leser vielleicht schon gehört haben, daß Straßenschilder in *Tôkyô* absolut unüblich sind – ein Umstand der schon viele Reisende an den Rand der Verzweiflung geführt hat. Zwar sind die einzelnen Stadtteile ausgewiesen und werden in der Regel auch nach Himmelsrichtungen unterschieden – im Detail ist man dann allerdings schnell verloren, wobei es den meisten Japanern übrigens ähnlich geht. Bislang hatten Daniela und mir die Polizisten der vielen *kôban* immer gute Dienste geleistet, eine liebenswerte Institution von Polizeistationen „en miniature" – jeweils von höchstens zwei Beamten bevölkert, denn mehr passen auch nicht hinein – die im Abstand von zwei Steinwürfen voneinander japanische Städte wie ein rettendes Netz durchziehen. In der Regel sprechen die Polizisten sogar ein ganz passables Englisch und immer wird dem Gast aus fernen Landen höflich und kompetent geholfen – schließlich kennen die Herren ihr Quartier wie ihre Westentasche. Übertrieben freundlich gibt man sich allerdings nicht – denn man ist Diener des japanischen Staates und als solcher von ausgewiesener Autorität.

An jenem Abend war jedenfalls kein *kôban* in Sicht und wahrscheinlich saßen die meisten Helfer schon lange bei ihrem wohlverdienten *sake.* Was uns bei der Suche nach unserem *okonomiyaki*-Lokal natürlich auch nicht weiterhalf – und mittlerweile waren wir ausgesprochen hungrig. Und natürlich durstig, denn an diesem Abend herrschten satte vierzig Grad Celsius – bei einhundert Prozent Luftfeuchtigkeit, versteht sich. Die Rettung kam schließlich als ausgesprochen pfiffiger Student daher, der uns außerdem eine höchst hilfreiche Nachhilfe auf dem Gebiet der innerjapanischen Geographie verpaßte. Tatsächlich sind die Straßen in den Städten Japans – wie so oft auf der Welt – nach Art eines Rasters angeordnet und werden auch in diesem Land mit Buchstaben und Zahlen bezeichnet. Und diese findet man nun – man glaubt es kaum – an den überall vertretenen Betonpfeilern der Elektroleitungen. Wobei ich schon erzählt habe, daß letztere in Japan ja immer den Himmel durchziehen – der vielen Erdbeben wegen, klar!

Binnen Minuten war das *okonomiyaki*-Lokal unserer Begierde ausgemacht und es ging tatsächlich um Sekunden, den letzten Tisch zu ergattern. Mal wieder waren wir die einzigen Gäste von außerhalb Japans und wurden mit dem entsprechenden Interesse beäugt. Welches allerdings binnen kürzester Zeit in einen wahren Sturm der Begeisterung umschlug, nachdem man mit Hilfe der wie gewohnt ausgeklügelten Befragung unsere Herkunft aus uns herausgekitzelt hatte. In dem Lokal ging es zünftig zu, das gesamte Interieur – inklusive der speziellen Brutzeltische – war mit Sicherheit antik und von kaum beschreibbarem Charme. Natürlich waren die *okonomiyaki* köstlich, vom Bier ganz zu schweigen – denn nebenbei bemerkt waren die Temperaturen innerhalb des Etablissements um mindestens zehn Grad höher als außerhalb – und die Stimmung hatte mittlerweile ihren absoluten Höhepunkt erreicht. Völkerverbindend wie solche Situationen sich nun einmal zu entwickeln pflegen, wurde uns alsbald die Kamera entrissen, um uns mit derselben paarweise zu verewigen, wobei wir – sehr zur Freude der Japaner – mit dem obligatorischen „Victory"-Zeichen unsere Professionalität bei diesem Geschäft dokumentieren konnten. Und ebenso durfte man natürlich uns photographieren, denn schließlich waren wir ganz klar die Hauptattraktion des heutigen Abends. Allerdings zeigten die Japaner dann ihrerseits eine gewisse Bescheidenheit – nein, man müsse nicht unbedingt gemeinsam auf den eigenen Kameras abgelichtet werden. Bis uns auffiel, daß die anwesenden Herrschaften eigentlich alle recht geschäftsmäßig gewandet waren – und daß es sich an vielen Tischen um gemischte Gruppen handelte. Innerbetriebliche Kommunikation wird in Japan eben gerne und intensiv gepflegt.

* * *

die prächtige Tempelanlage von Nikko

Nach ruhiger Nacht und traumlosem Schlaf fuhren wir am nächsten Morgen mit dem Zug von der nahen Bahnstation in *Asakusa* nach *Nikko,* der weltberühmten Tempelanlage wegen. Denn schließlich sagt der japanische Volksmund: *„Nikko – wo minakereba kekko – to iu na.“*, was – wie ein Jeder weiß – soviel bedeutet wie: „Nenne nichts wunderbar, bevor Du nicht *Nikko* gesehen hast!“ Und tatsächlich kann ich mich diesen Worten nur aus vollem Herzen anschließen. Eine gewaltige Anlage ist es, wie sie sich dem Besucher da erschließt, trotz ihrer Größe aber von einer solchen Pracht – und zwar bis in das kleinste Detail hinein – daß einem förmlich der Atem stockt. Wunderbare und edelste Schnitzereien in Holz, auf das Farbigste koloriert aber doch in absoluter Harmonie, goldene Beschläge an Giebeln und Gebälk, Türen und Toren, jedes Gebäude für sich erstrahlend in gleißender, scheinbar ewiger Schönheit – vom kleinsten Schrein bis zur gewaltig sich erhebenden, dem Himmel zustrebenden Pagode mit den fünf Ebenen ihrer Entfaltung hin. Perfekt eingefügt aber ist das Ganze in dieses leicht ansteigende, terrassenartig ausgebildete Areal mit den unzähligen, tausendjährigen Zedern in ihrer gewaltigen Pracht, wie sie alles überragen, klein werden lassen im Vergleich doch gleichsam beschützend auch, in sich aufnehmend und verbindend an diesem heiligen Ort. Noch nie haben wir vergleichbares gesehen – und nie werden uns diese Eindrücke wieder verlassen.

Auf solche Momente tiefer Bewegung kann eigentlich nur das Profane folgen – aber auch das hat bekanntlich seinen Reiz. So führte uns denn der Morgen des nächsten Tages zu einem bestimmten Straßenzug im westlichen *Asakusa,* der *Kappabashi-dori,* der weit über die Grenzen *Tôkyôs* hinaus bekannt ist. Und zwar haben sich die Geschäfte dieses Bereiches auf alles spezialisiert, was auch nur im entferntesten mit der Zubereitung von Nahrungsmitteln zu tun hat. Da findet man Töpfe jedweder Façon, von der Kasserole, die kaum ein Taubenei faßt, bis hin zum Riesenbrutzler für ganze Kannibalenstämme, handgeschmiedete und -geschliffene Messer und Beile japanischer Machart in jeder nur vorstellbaren Form, die einzig ihre legendäre Schärfe verbindet, Kocher, Bräter und Frittierer in allen Größen und für jede Art der Befeuerung, Kneter, Walker, Stanzer und Nudelmaschinen für die alleinlebende ältere Japanerin ebenso wie für die hungrige *rikishi*-Truppe – und natürlich die vier bis fünf Geschäfte mit den von uns so sehr geliebten *sanpuru,* den typischen Kunststoff-Imitaten oder eben „samples" japanischer Gerichte für die Fensterauslage, absolut täuschend echt gemacht, aber sündhaft teuer. Vier verschiedene *yakitori* haben wir dann erstanden und ein frisch gezapftes Bier – zum Preise von insgesamt wohl achtzig €. Speziell das letztgenannte hatte es uns aber angetan, perfektes Konterfei seines Originals von der Firma *Malts,* fein gesandstrahlt von außen sogar, um das leicht beschlagene, kühle Glas perfekt zu imitieren. Und beliebtes Utensil seither, um dem japanischen Gast bei uns daheim – nach seiner langen Anreise – das Gefühl kameradschaftlicher Geborgenheit nahezubringen.

Roppongi ist der internationalste und modernste Stadtteil von *Tôkyô* – und damit direkter Kontrapunkt zum traditionellen und geruhsamen *Asakusa.* Eine Unzahl von Restaurants, Bars, Cafes, Shops,

über den Dächern von Tôkyô

Kinos und Diskotheken zieren *Roppongi* und tatsächlich soll sich das richtige Leben dort erst in der tiefen Nacht entwickeln, um dann bis in die frühen Morgenstunden anzudauern – wie man so hört und liest. Jedenfalls waren wir auf die „*Roppongi* Hills“ neugierig, einen Kern modernster Architektur, der sich in diesem Stadtteil gebildet hat, und der mit dem höchst beeindruckenden „City Plaza“ und dem gewaltigen „*Mori* Tower“ seine Krönung erfährt. Und insbesondere war es der zweihundertfünfzig Meter hohe „*Tôkyô* City View“ in dem letztgenannten, von dem wir beide wie magisch angezogen wurden. Allerdings mußten wir am frühen Nachmittag desselben Tages erst einmal an der überlebensgroßen Spinne der Künstlerin Louise Bourgeois mit Namen „Maman“ vorbei, um zum „*Mori* Tower“ zu gelangen, was bei meiner lieben Frau mit ihrer ausgeprägten Vorliebe für solcherlei Getier zu einer merklichen Verspannung im Schulterbereich führte. Die sich dann aber sogleich wieder löste, als wir von dem ultramodernen Aufzug des Gebäudes mit atemberaubender Geschwindigkeit himmelwärts geschossen wurden. Ich habe nicht gemessen, welche Zeit wir für die Bewältigung des Viertel Kilometers bis zur Plattform brauchten – aber sie war unglaublich kurz, schien an der Grenze des technisch Machbaren. Und dann lag sie uns tatsächlich zu Füßen, diese wahnwitzige Metropole, mit ihren fünfunddreißig Millionen Einwohnern klar die größte Ansammlung menschlicher Wesen, die es je auf unserem Planeten gegeben hat – mit weitem Abstand gefolgt nur von Mexiko-City, New York, São Paulo und Bombay, die es bei aller Stattlichkeit gerade einmal auf die Hälfte bringen. Und wir konnten sie förmlich fühlen, diese unbeschreibliche Stadt, über der wir so weit oben zu schweben schienen, daß selbst das riesige rot-weiße Gerüst des „*Tôkyô* Tower" nur wie ein Spielzeug auf uns wirkte, so wie all die anderen Gebäude auch – so als müsse man nur die Hände ausstrecken, um sie zu ergreifen. Stunden brachten wir dort oben zu, viele Male umrundeten wir das gesamte Deck, und viele, viel zuviele Bilder haben wir gemacht, denn niemals können diese beschreiben, was wir zu jener Zeit empfanden. Bis es schließlich Abend wurde über der großen Stadt, und immer mehr der Abermillionen Lichter brannten, weit, so weit unter uns. Aber genau dieser Abstand war es dann auch, der uns half uns wieder zu lösen. Und die Vorstellung auch, wieviele Restaurants wohl mittlerweile auf ihre Kunden warteten – denn auch wir waren allmählich sehr hungrig geworden – und durstig. Beim „Rücksturz zur Erde" (ewiger Witz eines gereiften Liebhabers der „Science Fiction") waren wir allerdings ausgesprochen froh, die Inhalte unserer Mägen schon weitgehend verarbeitet zu haben. Ein Zustand, den wir dann jedoch schnell wieder ins Gegenteil verkehrten, und zwar im geliebten Restaurant *Asadori,* nur einen Steinwurf weit entfernt von unserem *ryokan.* Und an diesem Abend saßen wir lange zusammen, sehr lange. Schließlich wollen solcherlei Eindrücke bewältigt werden – denn die hat man nicht an jedem Tag.

Sehr viel bodenständiger begann er, unser nächster Tag – und zwar mit einem Besuch des berühmten Zoologischen Gartens im Stadtteil *Ueno,* 1882 bereits als erste Institution seiner Art in Japan gegründet und heute Heimat von mehr als vierhundertsechzig Spezies dieser Welt. Ausgewiesene Attraktionen sind wohl die „Gorilla

Woods“ und der „Tiger Forrest“ – allerdings fanden Daniela und ich das Gehege mit den freifliegenden und -jagenden Fledermäusen dann doch noch wesentlich interessanter.

Weiter ging es dann zum riesigen *Ueno*-Park der just zu dieser Zeit im Jahr das *Ueno Natsu Matsuri* beheimatete – das Sommerfest des Stadtteils *Ueno* eben. Ausgesprochen schön und weitläufig kommt er daher, dieser Park – aber seine Schattenseiten hat er auch. Denn tief im Gebüsch konnte man sie ausmachen, die Hütten der Obdachlosen, jener armen Teufel also, die es in der japanischen Gesellschaft letztlich doch nicht mehr geschafft haben – die es in diesem Lande zwar gibt, aber eigentlich nicht geben darf. Und so waren die Sitzflächen sämtlicher Bänke des Parks denn auch um zwanzig Grad nach vorn geneigt, was das Nächtigen darauf unmöglich macht – gleichwohl ist das Sitzen auf diesen Konstrukten so unbequem, daß man es kaum länger als für fünf Minuten aushalten kann. Ein genialer Schachzug der japanischen Behörden – und symptomatisch in seiner Gnadenlosigkeit.

Schon von ferne war das tiefe Wummern der *taiko* auszumachen und vorbei an den Wassergräben einer ehemaligen Festung – die völlig bewachsen waren mit den wunderschönsten Lotosblumen – zog es uns weiter zum Kern der Festivitäten, dem *Benten-dô,* einem prächtigen Schrein von achteckiger Bauweise, der jeden Besucher mit seinen kunstvollen Schnitzereien verzaubert. Direkt davor war sie dann auch, eine Gruppe von etwa zehn *taiko*-Trommlern, die uns sofort in den Bann zog mit ihrem Spiel – und mit uns wohl zweihundert Japaner in jedem Alter, die das Spektakel in weitem Bogen umringten. Wieder einmal kamen wir sofort ins Gespräch, gerade unsere offenbare Vorliebe für diese sehr japanische Form der Musik hatte unsere Nachbarn neugierig gemacht und schon bald wußte man alles über uns – alles Wesentliche jedenfalls. Einzig die Kinder fremdelten wieder sehr, verbargen die Gesichter ganz tief in ihren kleinen Händen und so manche Träne fand ihren Weg aus hübschem Mandelauge heraus. Und der etwas unbedarfte Vorschlag eines jungen Elternpaares, seine Kleinen sollten sich doch netterweise auf den freien Plätzen neben uns niederlassen, löste ohne meßbare Verzögerung ein solch infernalisches Gekreische aus, daß sogar das Spiel der *taiko* für Sekunden aus dem Rhythmus lief. Wie kann man seinen Kindern so etwas zumuten, dachte ich bei mir. Unter uns gesagt, gehören solche Momente dann doch zu jenen, an denen man sich nicht ganz so wohl fühlt in seiner Haut – als Fremder in diesem Land. Denn wer sieht schon gern so schrecklich aus, daß sich die Kinder Japans über ihn entsetzen?

***taiko*-Trommler im Park von Ueno**

Fast eine Stunde lang genossen wir das Spiel der *taiko*-Gruppe, bis es letztlich nach dramatischem Höhepunkt sein Ende fand. Ein gelungener Tag, wie wir beide zufrieden fanden, und tatsächlich sollte es der letzte sein – für diese unsere zweite Reise in das geliebte Land des Lächelns. Also begaben wir uns zur nahen U-Bahn-Station *Ueno*, entwerteten unsere Tickets und bestiegen gerade zur rechten Zeit den Zug, der mit offenen Türen nur auf uns zu warten schien. Allerdings handelte es sich bei diesem Eindruck um eine völlige Fehleinschätzung der Lage. Denn nach fünf Minuten stand der Zug immer noch auf seinem Geleis, nach-wie-vor mit offenen Türen und ohne die geringste erkennbare Absicht, an diesem Zustand irgendetwas zu verändern. Ungeduldig, wie der Europäer nun mal ist, befragten wir die umstehenden Verkehrskunden nach ihrer Einschätzung der Situation. Kein einziges der Schienenfahrzeuge im Großraum *Tôkyô* würde laufen, hieß es. Schließlich müßten nach einem Erdbeben solcher Stärke erst einmal sämtliche Geleise überprüft werden und das koste bekanntlich seine Zeit.

Erdbeben? Wann denn? Vor einer Stunde etwa, hieß es, und mit einer Stärke von 5.0 gehöre es durchaus zu denen, die eben Ärger machten. Daniela und ich sahen uns fassungslos an. Ein Erdbeben von potentiell schienenverbiegender Stärke und wir bekommen davon nichts mit? Unverstellbar! Wie kann so etwas sein?

Nun, tatsächlich wissen wir es bis heute nicht. Einzig das *taiko*-Konzert bleibt als denkbare Erklärung – die uns aber auch nicht wirklich überzeugt. Denn am Abend konnten wir im Fernsehen mitverfolgen, wie sich der „*Mori*-Tower“ unter eben diesem Erdbeben wand und die Aussichtsplattform wohl um mehrere Meter hin-und-her schaukelte. Und gerade gestern erst hatten wir diesen Turm befahren – was für eine entsetzliche Vorstellung. Das Erdbeben in solch einem Gebäude zu erleben, darauf mochten wir wirklich gern verzichten.

Für den Moment galt es allerdings erst einmal, unseren *ryokan* zu erreichen, denn für Stunden in diesem Zug zu stecken, dazu hatten wir wirklich keine Lust – zumal unser Hotel gerade einmal sieben Kilometer von unserem jetzigen Standort entfernt lag. Also raus aus dem Waggon und über die Sperre gehüpft, was beim Bahnhofsvorsteher zwar einen wortreichen Anfall auslöste – aber wahrscheinlich hielt man uns ja sowieso mal wieder für Amerikaner (Grins!) – und alsbald hatten uns die Straßen von *Tôkyô* wieder. Auf denen verkehrstechnisch aber auch nicht mehr allzuviel ging, denn natürlich hatte ein jeder, der eben konnte, versucht, auf Individualverkehr und bloßen Asphalt auszuweichen. Einzig die Fußwege waren frei und auf diesen erreichten wir im gestreckten Galopp unsere Behausung – neunzig Minuten später vielleicht. Dort wurde unser Eintreffen übrigens mit deutlicher Erleichterung vermerkt – man habe sich schon große Sorgen gemacht, schließlich sei der *ryokan* doch ziemlich durcheinander gerüttelt worden. Merkwürdig, merkwürdig das Ganze! Ob dem Europäer ganz einfach der Sinn für solcherlei Sinneswahrnehmungen fehlt?

Hauptsorge in diesem Moment war allerdings eher, ob die findigen Japaner es denn tatsächlich schaffen würden, das U-Bahn-Netz und den Zug zum Flughafen *Narita* bis zum nächsten Morgen wieder schiffbar zu machen – denn von dort aus ging am nächsten Morgen um 11:00 Uhr unser Flug zurück in die Heimat.

Aber natürlich schafften sie es, keine Frage, und pünktlich auf die Minute verließen wir dieses Land im allgemeinen und *Tôkyô* im besonderen – eine ganz spezielle Metropole mit ihren fünfunddreißig Millionen, die trotz ihrer Größe und Hektik gleichzeitig auch sanft ist zu ihren Kindern, und behutsam freundlich zu ihren Gästen. Was für eine Welt, was für eine unglaubliche Erfahrung!

die letzten Tage in *Okazaki*

Etwas elegisch verliefen sie schon, die vorerst letzten Tage in *Okazaki,* das mir in fast acht Monaten beruflicher Tätigkeit – und mit einer Vielzahl verrückter Erlebnisse – so sehr ans Herz gewachsen war. Fast wie eine zweite Heimat ist mir der Ort über die Jahre geworden, vor allem natürlich das NIPS und Yasu mit seiner Truppe, dann aber auch das Leben insgesamt in dieser für Japan eher kleinen Stadt – mit all ihren Eigenheiten, etwas sonderbar bisweilen, aber alles in allem doch so sehr liebenswert.

Ganz oben auf der Liste von Dingen, die es um jeden Preis noch zu erledigen galt, stand die Besichtigung jener *sake*-Brauerei, die mit ihren erlesenen Produkten weit über die Grenzen von *Okazaki* hinaus von sich reden macht. Und so führte uns unser Weg an einem der letzten späten Nachmittage zu eben diesem Ort, nicht mehr als ein halbes Dutzend Steinwürfe vom NIPS entfernt und Quelle jenes bemerkenswerten Gebräus, das so tief in der japanischen Kultur verwurzelt ist. Von Führungen war uns berichtet worden – von der Möglichkeit zu Verkostungen auch – und als bekennende Freunde dieses wunderbaren Landes waren wir höchst gespannt auf das, was uns nun erwarten würde.

Allerdings zeigte sich die verantwortliche Dame, die uns nach längerem Pochen am großen hölzernen Tor der Fabrik nur zögerlich öffnete, von unserer Vorliebe für die japanische Lebensart zunächst wenig beeindruckt. Nein, Führungen gebe es nur nach vorheriger Anmeldung, Verkostungen ebenso und außerdem sei die Brauerei bereits seit einer halben Stunde geschlossen. Wer wir denn überhaupt wären und woher wir denn kämen. Gastwissenschaftler aus Deutschland mit Frau und bescheidenen Kenntnissen der japanischen Sprache offenbar, die sich sehr für die Kultur des Landes – und insbesondere für *sake* – interessieren, hmmm, nun gut, schließlich seien wir ja nun mal da, also hereinspaziert und die Ohren gespitzt. Und tatsächlich wurde uns dann für über eine Stunde ein exquisiter Vortrag über *sake* und seine Herstellung geboten, während uns die japanische Dame – zunehmend freundlicher und voller Stolz – durch jeden Winkel ihrer kleinen Fabrik lotste. Natürlich fand im Anschluß auch eine kleine Verkostung der hauseigenen Produkte statt, wobei man offensichtlich sehr neugierig auf die Qualität unseres Urteils war. Und umso erfreuter zeigte sich unsere Dame – und eine ganze Reihe von Beschäftigten, die das Spektakel mittlerweile angezogen hatte – von unserer bemerkenswerten Expertise, wie wir in einer regelrechten Blindverkostung klar den „Premium Blend" des Hauses identifizieren konnten. Von dem wir dann natürlich, sehr zur Freude unserer Gastgeberin, auch zwei Gebinde erstanden – eines für uns und eines für unseren lieben Freund Yasu Okada. Zum Abschied eben.

Ziemlich weit unten auf der aktuellen Liste touristischer Aktivitäten stand für uns noch ein Besuch in einer der *pachinko*-Hallen an, jener gleißend hell erleuchteten Spielhöllen, die sich in jeder Ecke des Landes finden lassen und in denen sich Dutzende, manchmal Hunderte gleicher Automaten aneinanderreihen. Das Prinzip ist denkbar einfach: Man erwirbt einige Hunderte kleiner Kugeln aus Stahl, die oben in den entsprechenden Automaten hineingeworfen werden und dann durch ein Gewirr von Stiften und anderen Hindernissen nach unten sausen. Dabei gehen die meisten Kugeln als „Nieten" verloren – einige wenige können aber auch in die sogenannten „Tulips" geraten, was den Auswurf einer Reihe weiterer Kugeln nach sich zieht, der Gewinn in diesem anspruchslosen Spiel. Um selbigem einen positiven Verlauf zu geben, bleibt dem Spieler nur, die Geschwindigkeit der jeweiligen Kugel über einen Drehknopf zu variieren. Für den Fall, daß man das Spiel mit einem Überschuß an Kugeln beenden sollte, kann man diese dann wieder eintauschen – und zwar nicht gegen Geld, denn tatsächlich sind Glücksspiele in Japan verboten – aber eben gegen irgendwelche zunächst einmal eher weniger attraktiven Konserven, Getränke, Feuerzeuge und ähnliches. Welche man aber dann in benachbarten Läden gegen Geldauszahlung wieder loswerden kann, eine sinnreiche Erfindung, die der *Yakuza* – dem japanischen Pendant der Mafia – zugeschrieben wird, jener Vereinigung, deren Mitglieder ihrer kleinen Finger so sehr leicht verlustig gehen.

Für einige hat *pachinko* offenbar ein ausgesprochen hohes Suchtpotential und tatsächlich scheinen sich manche Japaner um Haus und Hof zu spielen. Auch wird von japanischen Müttern berichtet, die sich so sehr in ihrem Spiel verloren, daß sie fatalerweise ihre Leibesfrüchte in der Gluthitze ihrer geparkten Wagen vergessen haben.

Jedenfalls ist dem Leser sicher klar, daß der Weg der kleinen Kugeln durch die Automaten hindurch nicht eben leise verlaufen wird. Und natürlich addiert sich der Lärm der einzelnen Gerätschaften zu einer Gesamtkulisse auf, die man nur als infernalisch bezeichnen kann. Die dann tatsächlich aber auch noch übertönt wird von brüllauter Rockmusik und ebensolchen Lautsprecher-Durchsagen der Betreiber des Etablissements. Und so reduzierte sich unser Besuch in der *pachinko*-Halle von *Okazaki* denn letztlich auf wenig mehr als zehn Minuten. Die wenigen Kugeln, die uns vom freundlichen Conferencier geschenkt wurden, waren schnell verspielt, irgendwelche Tulpen haben wir sowieso nicht getroffen und wir verließen diesen unglaublich Ort wieder in gestrecktem Galopp – aber bereits mit den ersten Anzeichen jenes gefährlichen Sinus-Tones in den Ohren, der gemeinhin als Vorbote eines Gehörsturzes gewertet wird.

Am letzten Sonntag vor unserer Reise nach *Ishigaki* hatten Yasu und seine Frau Shizuko zum Mittagsmahl in ihr Heim eingeladen, eine willkommene Gelegenheit also, um *sake* und Mori-Statue ihrer Bestimmung zuzuführen. Ebenso wie unser eigentliches Geschenk, das Fleischermesser einer renommierten Firma aus dem guten deutschen Solingen. Alle Japaner sind nach solcherlei Schneidwaren geradezu verrückt – nicht verwunderlich andererseits für Kinder eines Landes, das schon so sehr früh in seiner Geschichte solch edle Kunstwerke wie die zigfach gefaltete Klinge einer *katana* zustandegebracht hat. Aber auch wir wurden reichlich beschenkt – so wie immer – und zur Krönung präsentierte uns das Haus Okada eine wunderschöne Lackschale in ihrem leuchtenden Rot, die wohl ein kleines Vermögen gekostet hat. Viele Male wird auf einen fein geschliffenen Rohling aus Edelholz der Naturlack *urushi* in dünnen Schichten aufgetragen – und immer, immer wieder wird die Schale dann poliert, bis letztlich eine wahre Kostbarkeit ihre Vollendung gefunden hat.

Mit von der Partie war an diesem Sonntagmittag Ravshan Sabirov, langjähriger und verdienter Mitstreiter im Gefolge von Yasu – und auch uns seit einiger Zeit schon Freund geworden. Aber ansonsten teilte niemand diesen Sommertag mit uns – Ruhe und Vertrautheit lagen über dem Hause Okada. Abgesehen natürlich von den üblichen Sticheleien und Albernheiten, ohne die der Umgang zwischen uns nicht denkbar ist. Tatsächlich habe ich Yasu niemals entspannter gesehen, denn an diesem Tage hatte er Zeit, hatte sie uns – seinen Gästen – geschenkt. Eine Harmonie, wie ich sie mir schöner kaum vorstellen konnte. Die Türen zum Garten waren weit geöffnet, ließen die strahlende Herbstsonne herein, und im Eingang saß Ravshan, briet auf kleinem Grill über Holzkohle Fisch. Daniela und Yasu schälten einträchtig irgendwelche Gemüse, ich mühte mich damit ab, eine Flasche deutschen Weines zu öffnen, die man uns zu Ehren aus den Beständen des Hauses hervorgezaubert hatte, und in der Küche war das verhaltene Lärmen von Shizuko zu vernehmen. Und was die Dame des Hauses uns letztlich auftrug, läßt sich mit Worten kaum beschreiben – außer: es war einfach atemberaubend! Dutzende von kleinen Gerichten, von Suppen über frisches Seegetier bis hin zu *tempura* füllte den *tsukue,* den klassisch japanischen Tisch, um den wir saßen, sodaß wir uns tatsächlich entschließen mußten, die Getränke doch besser auf den Boden zu verlagern. Krönung des fürstlichen Mals war jedoch ohne jeden Zweifel der frisch gegrillte *sanma,* ein Makrelenhecht in Torpedoform, häßlich wie die Nacht zwar, aber speziell zu jener Jahreszeit eine absolute Delikatesse.

Eine ausgezeichnete Köchin war sie also auch noch, diese Shizuko, sieh einmal an! Und tatsächlich kann man Yasu nur beglückwünschen zu seiner wunderbaren Frau. Selten habe ich eine Dame von solch natürlichem Charme kennengelernt, so sehr in sich ruhend und von solch einer Anmut. Sechzig Jahre jung war sie gerade geworden und immer noch voll der Energie. Obwohl Shizuko es nicht besonders leicht hat in ihrem Leben. Selber tätig als Kindergärtnerin in leitender Position versorgt sie noch Yasus Mutter in ihrem Heim in *Osaka.* Und besonders häufig sehen sie sich auch nicht, die beiden Okadas – speziell mit dem, was Yasu sich so vor die Brust geladen hat.

Es war fünf Uhr nachmittags, als wir das Haus der Beiden verließen. Glücklich zwar – aber mit einer Spur Wehmut mehr noch als zuvor.

Ishigaki

„Was hältst Du von einem schönen Strandspaziergang, mein Schatz?" Da war sie, die Frage meiner geliebten Frau, durchaus später als erwartet aber unausweichlich wie immer. Gerade einmal zwei Stunden hatten wir an diesem Morgen einträchtig nebeneinander in der Sonne gelegen. Allerdings muß ich zugeben, daß auch mir die Zeit bis zu diesem Punkt länger vorgekommen war, als ursprünglich gedacht. Nichts wollte ich in diesen fünf Tagen auf der Insel tun, rein gar nichts. Nur ausspannen nach den sechs Wochen schöner, aber harter Arbeit im NIPS-Labor von *Okazaki*.

Die Reise nach *Ishigaki* war angenehm verlaufen. Gestern Morgen hatte uns Yasu mit seinem Wagen – pünktlich wie nicht anders zu erwarten – von unserem Apartment in der *Mishima*-Lodge zum Bahnhof *Higashi Okazaki* gefahren, ein Trip von knapp drei Minuten, aber mit dem schweren Koffer ohne Auto kaum zu bewerkstelligen. Nach herzlicher Verabschiedung und freundlichen Verbindlichkeiten bezüglich der gemeinsamen wissenschaftlichen Zukunft ging es dann mit dem Express-Bus zum neuen Airport von *Nagoya,* ein Trip von etwa sechzig Minuten, den ich sehr genoß. Viele Gedanken gingen mir durch den Kopf, während die mittlerweile so vertraute japanische Landschaft an mir vorüberzog. Und irgendwie fehlten mir die Mitglieder des Labors schon jetzt. Allen voran natürlich Yasu, dann Ravshan, der vorgestern den Weg zurück nach Usbekistan angetreten war, Takahiro, der seit zwei Wochen für längere Zeit in Belgien forschen würde, und natürlich Tomohiro, der mir bei unserem Projekt – und auch als Freund – in letzter Zeit wichtig geworden war. Und der mich in meinem Dortmunder Labor in Kürze für etwa einen Monat besuchen würde.

Das Check-in am Counter von ANA, der inner-japanischen Fluglinie, verlief reibungslos. Auch wenn wir zweimal anstehen mussten, einmal für die Bordkarten und dann für das Durchleuchten des Koffers – eine Variante, die ich bisher nur bei einigen Flügen innerhalb Nordamerikas kennengelernt hatte. Der Sinn für diese Komplizierung ist mir nicht eingängig, aber vielleicht gibt es ja auch keinen!

Auf dem Weg zur Sicherheitskontrolle von Mensch und Handgepäck stach uns dann inmitten des ultra-modernen Flughafens ein Bereich ins Auge, der offenbar durch Gebäude im klassisch-japanischen Stil geziert wurde, weit oberhalb der Geschäftwege und nur über eine lange Rolltreppe zugänglich. Tatsächlich entpuppte sich das Areal dann als Imitat eines kleinen japanischen Dorfes, in dem sich etwa vierzig Freßbuden und Andenken-Läden im Verhältnis zwei-zu-eins aneinander fügten. Die Gerüche, die uns entgegenströmten waren außerordentlich verlockend. Aber schließlich war es erst kurz vor 11:00 Uhr vormittags und außerdem erwarteten wir nun doch irgendeine Form der Atzung auf dem Flug nach *Ishigaki*, der sich ja mit seinen zweieinhalb Stunden deutlich über die Mittagszeit erstrecken sollte. Also kasteiten wir uns und besichtigten stattdessen die gewaltige Besucher-Plattform des Flughafens, die sich auf gleicher Ebene nach außen an das japanische Dorf anschließt. In einer Fläche von etwa drei Fußballfeldern aneinander gereiht und mit umlaufender Promenade, in Größe und Ausstattung wirklich sehr beeindruckend.

Die Bordkarten für den Flug wiesen unsere Plätze als 1A und 1B aus. Teuer genug waren die Flüge ja gewesen, mit ca. 800 € pro Nase, von Deutschland aus gebucht. Bedeutete dies etwa den Einstieg in die Luxusklasse? Aber weit gefehlt, alle Plätze waren gleich; der einzige Luxus der ersten Reihe bestand darin, daß uns die üblichen Klapptischchen an den Rückenlehnen der Vordersitze fehlten. Nur diese unhandlichen Not-Konstruktionen, die man irgendwie aus der eigenen Armlehne herausleiern muß, standen uns zur Verfügung. Was sich allerdings im nachhinein dann auch als unwesentlich erwies, denn die einzige Verpflegung, die uns angeboten wurde, bestand aus kleinen Snacks und Eiskreme, und das auch nur auf Wunsch und gegen Bezahlung. Na dann: Mahlzeit!

Entsprechend ausgehungert kamen wir auf der Insel an. Und auch wenn der Bus-Transfer zum Club-Med reibungslos vonstatten ging und wir schon gegen 16:00 Uhr im Hotel ankamen, die erste feste Nahrung war nicht vor 18:30 Uhr verfügbar. Und das uns! Allerdings gestaltete sich die Begrüßung durch das Hotel-Personal sehr individuell und ausgesprochen freundlich, das Hotel ist direkt am Meer gelegen und wirklich ganz bezaubernd, ebenso wie die Zimmer.

Das alles war sehr nett aber – mit dem Hungertod vor Augen – erstmal zweitrangig. Nach dem Dinner wurde uns dann ganz allmählich wieder besser, auch weil sich die angebotenen Weine als wesentlich bekömmlicher erwiesen als ursprünglich angenommen. Und nachdem wir den französischen Käse entdeckt hatten, gab es kein Halten mehr. Sechs Wochen lang keinen Käse, entsprechend stopfte ich mich mit dem Zeug voll. Obwohl mir im gleichen Moment klar wurde, daß ich – mittlerweile völlig auf die leichte japanische Küche eingestellt – mit diesen fettreichen Produkten meine Schwierigkeiten haben könnte. Ebenso unvorsichtig war ich am nächsten Morgen beim Frühstück: gebratener Speck und Rühreier, einfach köstlich!

So gestärkt machte ich mich dann am nächsten Morgen auf den erwähnten Strandspaziergang mit Daniela. „Sieh doch mal da hinten, die interessanten Felsformationen!“ hieß es. Tatsächlich war Niedrigwasser und in einer Entfernung von etwa zwei Kilometern war eine Reihe pilzartiger Strukturen auszumachen, die sich deutlich von der Oberfläche des Meeres abhoben. Was blieb mir, wir machten uns auf den Weg.

Schon nach wenigen Metern fiel mir die schlechte Körperhaltung auf, die meine arme Ehefrau an diesem Tag zeigte – klassisches Hohlkreuz, eine typische Sekretärinnen-Krankheit. Nachdem ich sie zärtlich darauf aufmerksam gemacht hatte, streckte sie sich dankbar und ich hatte Gelegenheit, ihren straffen Körper zu bewundern. Mit sechsundvierzig Jahren wirklich bemerkenswert, wie ich fand, einzig im mittleren Bereich schien sich etwas anzubahnen – möglicherweise Ausdruck der zahlreichen Köstlichkeiten, die wir bei diesem Aufenthalt wieder hatten zu uns nehmen müssen. Allerdings waren die vielen Einladungen auch an mir nicht spurlos vorüber gegangen. Aber was bleibt einem übrig, wenn die Begrüßungsfeiern der japanischen Kollegen nahtlos in die vielen Feierlichkeiten zur Verabschiedung übergehen, natürlich wie immer in den besten Häusern abgehalten und ohne jede Chance, sich in irgendeiner Weise finanziell daran zu beteiligen. Das geht auch am athletischsten Körper nicht spurlos vorüber, dafür war ich das beste Beispiel. Und mit diesem Gedanken nahm ich ein erstes dumpfes Rumoren in meinen Gedärmen wahr.

Der Spaziergang lief zunächst nach dem typischen Schema ab, ich zwanzig Meter voraus, sie hinterher. „Schau mal Liebes, ich

am Strand von Ishigaki

glaube, ich habe eine Kauri-Muschel gefunden!“ Das Rauschen des Meeres war nicht unerheblich. „Ich kann Dich schlecht verstehen, Schatz, das Meer ist so laut!“ Aber es half nichts: „ICH GLAUBE, ICH HABE EINE KAURI-MUSCHEL GEFUNDEN, WARTE DOCH MAL!“ Natürlich war es mit dem Warten nicht getan. Da stand sie nun mit ihrer Kauri-Muschel und erwartete, daß ich zu ihr zurückging. Dabei wog das Ding höchstens zehn Gramm, schränkte ihre Beweglichkeit kaum ein. Eigentlich liebte ich es nicht, auf diese Weise an die lange Leine gelegt zu werden! Allerdings erwies sich die Muschel dann doch als ausgesprochen hübsch. Aber selbst zehn Gramm zusätzlich erschienen mir bei dem Gewicht, das unser Reisegepäck mittlerweile erreicht hatte, als ausgesprochen kritisch. Wieder dieses dumpfe Grollen in meinem Gedärm, diesmal gepaart mit einem leichten Krampf. Möglicherweise doch Darmkrebs, dachte ich, hatte ich schon immer befürchtet!

Doch dann erinnerte ich mich an die fettreichen Mahlzeiten gestern Abend und heute Morgen. Gut, wahrscheinlich doch kein Krebs, aber das Erkennen der tatsächlichen Ursachen für mein Mißbefinden machten mir die Situation keinesfalls leichter. Das Rumoren war nun auch für meine Frau zu vernehmen und die Krämpfe in meinem Inneren wurden stärker. „Ist Dir nicht gut Schatz, sollen wir zurückgehen?" Das Angebot war ja sehr fürsorglich, aber mittlerweile waren wir weit von der Hotelanlage entfernt, hatten die pilzförmigen Felsformationen fast erreicht. Und meinem Stuhldrang hatte ich kaum noch etwas entgegen zu setzen. Mittlerweile stand mir der Schweiß auf der Stirn, mein Körper streckte sich leicht, die Schritte wurden kleiner. Was tun?

Der Strand war im letzten Teil unseres Weges etwas schmaler geworden. Rechts erstreckte sich das Dickicht des Dschungels, links befand sich das Meer. Und voraus lagen die Felsformationen, die ein regelrechtes Spalier bildeten, praktisch nicht einzusehen. Das war die Rettung!

„Ich gehe schon mal vor und schaue mir die Felsen an!" sagte ich und bewegte mich mit strammem Schritt nach vorne. Hinter dem zweiten Felsen konnte ich einfach nicht mehr, ich riß mir die Badehose herunter, ging in die Hocke und erleichterte mich mit einem langgezogenen Stöhnen, mitten hinein in den blütenweißen Strand von *Ishigaki*. Was soll's, Not kennt schließlich kein Gebot, wie ein jeder weiß!

„Ho!", was war das, woher kam dieser Laut? *„Ho, sugoooiiii!"*, mit Entsetzen blickte ich auf und sah direkt in die Kameras der achtköpfigen japanischen Reisegruppe, die gerade ihren Kleinbus verlassen hatte, um die pilzförmigen Felsen zu bewundern, offenbar zu den schönsten der Insel gehörig. Wie konnte ich ahnen, daß ich für meine Notdurft ausgerechnet einen der beliebtesten Aussichtspunkte der Insel gewählt hatte, durch seine erhöhte Lage vom Strand aus nicht auszumachen. Die Japaner ragten gerade einmal mit ihren typischen Clouseau-Hüten über das Dickicht hinaus – und eben mit den Kameras, deren digitale Verschlüsse in allen erdenklichen Tönen zirpten, pfiffen, klickten. Ich erhob mich rasch und war in zwei Sekunden grußlos hinter dem nächsten Felsen verschwunden. Mein Gott, wie peinlich! Nicht auszudenken, wie die Japaner mit diesen

Aufnahmen im Freundeskreis glänzen würden. Da bleibt kein Mandelauge trocken: King Kong kommt um einen Felsen herum, legt ein Ei in den Sand von *Ishigaki* und verschwindet wieder. Grauenhafte Vorstellung! Wahrscheinlich war ich noch am gleichen Abend im japanischen Fernsehen zu bewundern. In einem Land, in dem jeder Autounfall mit Großaufnahmen von irgendwelchen Glassplittern am Boden über zehn Minuten gestreckt wird, ist die Presse für jede Sensation dankbar. Und ich durfte erst gar nicht an die ausgezeichnete Qualität der kleinen japanischen Digital- und Videogeräte denken. Furchtbar!

„Alles in Ordnung?" fragte meine liebe Frau. „Doch, doch, wirklich ein köstlicher Spaziergang!" meinte ich und legte ihr eine Kauri-Muschel in die Hand, die ich gerade gefunden hatte. Eine besonders hübsche, wie ich meinte. Hoffentlich war das nicht der letzte gemeinsame Strandspaziergang, dachte ich voller Furcht vor einer eventuell bevorstehenden Untersuchungshaft. Verwundert sah Daniela zunächst mich und dann die Muschel an. „Nicht besonders schön," gab sie dann gut gelaunt von sich „aber aussortieren können wir ja später!" Die Welt ging wieder ihren normalen Gang – so hoffte ich jedenfalls sehr.

Um wieder auf andere Gedanken zu kommen, besah ich mir am Nachmittag das Leben am Strand. Vor den Liegen, unter hübschen Sonnenschirmen aus Edelholz und Segeltuch, war im Wasser ein Areal abgeteilt, das sich auf etwa achtzig Meter Breite und dreißig Meter Tiefe belief, und das ausschließlich den Schwimmern und Schnorchlern vorbehalten war. Wobei ich mit „Tiefe" nicht etwa die des Wasser meine, denn die betrug maximal achtzig Zentimeter, landwärts natürlich noch deutlich weniger. An diesem Tag war der Strand zunächst nicht besonders bevölkert. Im Zentrum der Abteilung fiel mir jedoch eine Gruppe von drei älteren Japanerinnen auf, die in schwarzen Neopren-Anzügen im Wasser saßen, die Körper fast vollständig bedeckt und die Köpfe zusätzlich mit den obligaten Clouseau-Hüten vor der Sonne geschützt. Bei genauerem Hinsehen stellte ich fest, daß das Dreigestirn außerdem mit Schnorcheln und Masken ausgerüstet war. Und tatsächlich, nachdem die Damen durch etwas umständliches Rochieren die Masken unter die Hutschnur gebracht hatten, starteten sie bäuchlings die Erkundung der Unterwasserwelt

– oder zumindest der oberen dreißig Zentimeter derselben. Immer neue Formationen wurden gebildet und stets ragten die schwarzen Hinterteile wie glänzende Perlen aus dem Wasser – manchmal dem japanischen Archipel nicht unähnlich. Über etwas mehr als zwei Stunden konnte ich diesen Reigen verfolgen.

Bis schließlich ein knallgelbes Plastik-Kanu der Harmonie der kleinen Gruppe ein jähes Ende setzte. Mittlerweile hatte sich der Strand deutlich belebt und so zog es auch ein Ehepaar aufs Wasser, das sich offenbar aus dem englischsprachigen Bereich unserer Welt nach *Ishigaki* verirrt hatte. Die Dame von etwa Mitte dreißig brachte es auf geschätzte einhundertzwanzig Kilogramm Lebendgewicht und saß hinten, der Herr gab vorn die Richtung vor, war aber etwas leichter – was dem Zweisitzer in der Summe eine sehr optimistische Trimmung verlieh. Auch sonst zeigte das Paar, das Daniela schon tags zuvor als „Herr und Frau Schweinheim" tituliert hatte, bei der Handhabung seiner Pirogge wenig Geschick. Die Paddel wedelten wie wild durch die Luft, mal schlugen sie gegeneinander, mal verhedderten sie sich und langsam drehte sich das Boot um seine vertikale Achse. Von koordinierter Fortbewegung konnte also keine Rede sein und die auflandigen Winde taten dann ein Übriges. Schnell war die Abteilung des Schwimm-Bereichs überwunden und das Kanu trieb haltlos auf die Gruppe der ahnungslosen japanischen Damen zu, während Herr Schweinheim immer hysterischer schrie und Frau Schweinheim immer kräftiger paddelte – nur, wie stets, präzise in die falsche Richtung. Die Katastrophe war nicht mehr zu vermeiden, mit nicht unerheblicher Wucht schlugen die Schweinheims in der japanischen Welt ein. Entsetzt fuhren die Köpfe der drei Damen in die Höhe und tatsächlich wurde eine der Japanerinnen regelrecht überfahren – wie gut nur, daß die Gummi-Haut sie schützte. Wohl eher instinktiv als reflektiert hielten die Schweinheims wenigstens mit dem Schlagen ihrer Paddel inne, wodurch ein Blutvergießen letztlich doch noch vermieden wurde. Wie dunkle Göttinnen der Rache umstanden die japanischen Damen schließlich die Pirogge, in die die Schweinheims immer tiefer versanken. Das Paar wurde nach diesem Zwischenfall nicht mehr in der Hotel-Anlage gesehen.

Eigentlich waren solche Zwischenfälle in der perfekt organisierten Welt des Club-Med nicht vorstellbar. Das mußten auch zwei

Schnorchler erfahren, die sich etwa fünfzig Meter vom erlaubten Bereich entfernt ins Wasser gewagt hatten und die ihr Handwerk durchaus zu verstehen schienen. Man glaubt es kaum, aber binnen Kürze wurde die Zweiergruppe regelrecht aufgebracht und zwar zu Lande von einer aufgeregten Animateurin, die wild mit den Armen fuchtelte und schrie, und zu Wasser von zwei ihrer Kollegen, je einer auf einem Surfbrett und auf einem Wasser-Scooter. Ein unglaubliches Bild, wie die beiden Schnorchler dann mit gesenkten Köpfen wieder in den Bereich der Legalität zurückgeführt wurden. Auch wenn dieser quasi fischfrei war, hatte jetzt alles wieder seine japanische Ordnung.

Und so wehrte ich mich erst gar nicht, als ich auf einer der geführten Schnorchel-Touren des Hotels, die etwa zwei Minuten mit dem Boot in die wilde See hinaus führte, in eine Schwimmweste gezwängt wurde, die ich zwar über den Kopf, aber nachher nicht mehr herunter bekommen sollte, und die so eng war, daß meine Atmung erheblich eingeschränkt wurde. Außerdem rutschte mir das unnütze Ding andauernd bis kurz unter das Kinn, sodaß ich wie eine Boje im Wasser trieb und natürlich keinen einzigen Schwanz vor die Maske bekam. Klar, sicher fühlte ich mich schon und solange man Leute wie die Schweinheims nach Japan läßt! Angstvoll blickte ich über beide Schultern, schließlich vermittelte mir die Weste eine ausgezeichnete Fernsicht. Aber es waren keine gelben Piroggen auszumachen. Ist ja auch Unsinn, fiel mir dann ein, denn die Plastik-Kanus durften ja nicht weiter auf die See hinaus als höchstens dreißig Meter…

Als Highlight des Abends war für das Theater des Club-Med eine Aufführung angekündigt, die eine interessante Kombination fernöstlicher Kultur und Dramatik verhieß. Das Spektakel begann 20:30 Uhr und wurde von den dienstbaren Geistern der Anlage bestritten – inklusive des General-Managers. Die Handlung der Darbietung ist schnell beschrieben: Eine heile Welt bunt gewandeter Damen mit einer wunderhübschen Prinzessin mitten darin wird von einer dunklen Herren-Truppe in Angst und Schrecken versetzt, bis ein pummeliger Elephant mit rosa Rüssel alles wieder richtet; nachher tanzen dann alle einhellig zusammen, die kleinen japanischen Kinder im Publikum hören wieder auf zu weinen und nach einer Stunde geht der Spuk zu Ende – unter tosendem Applaus des Publikums, das sich noch für lange Zeit zu den monotonen Gesängen der Darbietung wiegt. Nebenbei bemerkt: Der General-Manager war nicht der rosa Elephant!

An diesem Abend nahmen Daniela und ich noch das eine oder andere Glas *sake* zu uns, bevor wir das Erlebte verarbeitet hatten. Bald würde es nach einem Zwischenstop in *Nagoya* mit Übernachtung im Airport-Hotel wieder zurück in die Heimat gehen. Bis dahin würden wir weiter den Club-Med von *Ishigaki* genießen, eine hervorragende Anlage mit ausgezeichneter Küche, die wir jederzeit empfehlen würden.

die Heimreise

Ein letzter Spaziergang am Strand von *Ishigaki.* Wir waren früh aufgestanden, hatten das Lokal mit den kinderreichen und lärmenden japanischen Familien nach einem kurzen Frühstück hinter uns gelassen. Es war jetzt gerade einmal 9:00 Uhr, der Himmel stahlblau und wolkenlos, noch nie hatte ich eine ruhigere See gesehen. Vor kurzem hatte die Ebbe eingesetzt und entsprechend belebt war der Strand. Zwar menschenleer noch, aber von Myriaden von Einsiedlerkrebsen verschiedenster Größe bevölkert, die sich geschäftig in den kleinen Tanginseln tummelten, die das Meer zurückgelassen hatte. Was natürlich den Wissensdrang meiner lieben Frau sehr stimulierte. Insbesondere deshalb, weil die kleinen Kerlchen wie immer die schönsten Gehäuse von allen okkupiert hatten.

Alles hatte Daniela schon versucht, um an die begehrten Sammlerobjekte zu kommen – alles bis auf grobe Gewalt natürlich. Denn einen der kleinen Krebse einfach aus seiner Behausung zu zerren, war mit ihrem freundlichen Wesen schlechterdings unvereinbar. Abgesehen davon hatte meine Frau jedoch eine ganze Palette listvoller Ansätze entwickelt, um zum erwünschten Erfolg zu kommen. Mal wurde einem Krebs eine – nach ihrer Meinung – wesentlich passendere Behausung vor die Stielaugen gehalten, dann wurden zwei der Krebse, von einem ganzen Wall vakanter Schnecken- und Muschelgehäuse umringt, aufeinander gehetzt. Alles ohne jeden Erfolg, die Tiere ließen einfach nicht mit sich reden. Obwohl ich mir ziemlich sicher bin, daß einige der Einsiedlerkrebse auf Danielas üblicher Route vom Hotel zu den Pilzfelsen und zurück mehr als einmal aufgehoben und gründlich inspiziert wurden. Können Krebse Magengeschwüre entwickeln? An diesem Morgen mochte ich es fast meinen!

Um 11:00 Uhr war dann die Zeit für den Check-out gekommen. Pünktlich auf die Sekunde wurde von einer jungen Dame mit lautem Pochen an unsere Tür nach dem Koffer verlangt, der bereits seit dreißig Sekunden auf den Gang hätte stehen sollen. Welch unerhörte Verspätung! Zwei Minuten später folgte dann ein wortreicher Anschiß durch einen älteren Herrn, weil das Zimmer noch nicht völlig geräumt war – obwohl wir schon gestiefelt und gespornt hinter der

Tür warteten. Nur schnell zur Rezeption, meinte meine Frau, bevor wir exekutiert werden.

Dort verlief allerdings alles glatt. Beim Begleichen unserer Bar-Rechnung freute sich ein junger Herr wortreich darüber, daß wir offenbar sehr gerne Alkohol tränken. Was in Japan allerdings durchaus als Kompliment zu werten ist, denn mit einer „kaukasischen" Leber ist man in diesem Land erklärtermaßen König – was wie bereits gesagt klare genetische und biochemische Hintergründe hat. Die Frage, ob wir noch Zeit für den Lunch hätten, wurde nach anfänglichem Zögern bejaht. Aber wir sollten bitte fünfzehn Minuten vor der Zeit da sein, man wisse ja nie!

Was wir natürlich nicht taten! Nach einem letzten Mahl mit reichlich Wein – man hat schließlich einen Ruf zu verteidigen – trafen wir etwa fünf Minuten vor dem vereinbarten Bustransfer an der Rezeption des Club-Med ein. Und hatten gerade noch Gelegenheit mit anzusehen, wie ein langnasiger Vater mit seinem gemischten Töchterchen wortreich eines bestimmten Areals im Foyer verwiesen wurde, der offenbar der anstehenden Begrüßung der zu erwartenden Neuankömmlinge vorbehalten war. Hat er nun davon, was heiratet er auch eine Japanerin?!

Der Flughafen von *Ishigaki* ist eine höchst interessante Kombination japanischer Gründlichkeit mit südländischem Chaos, der man ein eigenes Kapitel widmen könnte. Aber alles verlief hervorragend und binnen zehn Minuten verließen wir zwischen Bergen aufgetürmter Gepäckstücke, die alle irgendwie auch noch durchleuchtet wurden, die Haupthalle, huschten durch die Sicherheitskontrolle und bestiegen nach kurzer Zeit den nur halb besetzten Flieger nach *Nagoya.* Geht alles, irgendwie! Auch ohne deutsche bzw. japanische Gründlichkeit.

Mit einer halben Stunde Verspätung erreichten wir den hochmodernen Flughafen von *Nagoya* – was für ein Gegensatz zum Pendant von *Ishigaki!* Mittlerweile war es kurz vor 17:00 Uhr und wir machten uns auf die Suche nach unserem Hotel, in dem Tomomi, Yasus Sekretärin, per Internet ein Zimmer für uns reserviert hatte. Auch sollte unser zweiter Koffer, im NIPS deponiert, an die Adresse dieses Hotel geliefert werden. Natürlich verlief alles bestens und es wartete bereits ein Delikateß-Zimmer im elften Stock auf uns, eines mit herrlichem Blick auf den gesamten Flughafen. Selbstredend war der Koffer ebenfalls da, wie hätte ich auch je an Tomomi zweifeln können. Das Zimmer war zum einen klassisch-japanisch eingerichtet mit einem japanischem Bad inklusive eines kleinen *o furo,* der üblichen Sitzdusche, erlesenen Bodenbelägen und blütenweißen Pantoffeln, die auf uns warteten. Zum anderen hatte es auch eines dieser „Cyber-Klos“, die Daniela schon so oft fasziniert hatten, und auf das auch ich mich diesmal trauen sollte.

Die erste Erfahrung ist die, von einer wohlig warmen, weil beheizten Toiletten-Brille in Empfang genommen zu werden – wie sanft kann diese Welt doch zu uns sein! Nach der eigentlichen Verrichtung, an deren Optimierung unsere japanischen Freunde – nach allem was man hört – ebenfalls noch arbeiten sollen, fährt dem Benutzer auf Tastendruck ein recht energischer Strahl warmen Wassers in den verschmutzten Bereich, wobei die Effizienz des Zielvorgangs durch wohliges Wiegen des Körpers leicht zu optimieren ist. Für solche Reisende, die von Hämorrhoiden geplagt sind, empfiehlt sich an dieser Stelle der Prozedur allerdings eine gewisse Zurückhaltung. Kurz darauf schließt der Herr bereits den Prozess seiner Reinigung durch Drücken der folgenden Taste, was vom Cyber-Klo mit einem zarten Wüstenwind belohnt wird. Darüber hinaus soll für die Dame noch die Möglichkeit einer ausgiebigen Waschung im Bereich des Vergnügungszentrums angeboten werden – die Details hierzu sind mir jedoch leider nicht bekannt.

Wir beschlossen, unseren diesjährigen Japan-Aufenthalt im Herzen von *Nagoya* ausklingen zu lassen, was zunächst einmal eine Bahnfahrt von etwa fünfzig Minuten bedeutete. Mitten drin im Gewühl gestaltete sich das Finden eines geeigneten Restaurants dann als ziemlich schwierig, denn schließlich handelte es sich um den Freitagabend und die meisten Lokale waren bummvoll. Überhaupt hatte ich den Eindruck, ganz *Nagoya* sei bereits in bester Laune, nur eben wir noch nicht. Nach langem Suchen fanden wir jedoch noch das Ziel unserer Begierde, ein Restaurant das ins Deutsche übersetzt in etwa „zum Rettich“ heißen würde. Bier und *sake* waren ausgezeichnet und ansonsten bestand der ganze Abend in einer wahren Orgie von *sashimi, ebi furai* in Mayonnaise-Sauce, Gemüse-Fleisch-Fondue und Hackfleisch-Würsten, die beim Zerbeißen verdächtig knackten und nach deren Inhalten wir besser nicht fragten. Aber einfach köstlich! Und das alles für wenig mehr als 70 €. Ein Abend, wie er schöner nicht hätte sein können!

Und jetzt sitze ich also wieder in dieser riesigen Rappelkiste und habe mindestens noch acht von zwölf Flugstunden in Richtung Frankfurt vor mir, neben mir auf dem Fensterplatz meine schlafende Frau. Wie immer beneide ich sie darum, fast überall und in jeder Lage Schlaf finden zu können. Bei ihren Abmessungen ist das Fliegen aber auch leichter, für mich sind die Sitzplätze in der „Economy Class" eine wahre Zumutung, wie gesagt. Und wieder ist das Essen bei der Lufthansa eine einzige Katastrophe, nur die Weine halbwegs erträglich.

Sie war schön, die Arbeit in *Okazaki,* der Urlaub sowieso. Und gelohnt hat sich der Aufenthalt im NIPS allemal, eine ganze Veröffentlichung in sechs Wochen, das war sicherlich nicht schlecht. Aber auch teuer irgendwie, wenn man an all das denkt, was man in dieser Zeit in Dortmund hat zurücklassen müssen. Gerade jetzt in der schwierigen Zeit, in der die Abteilung, in der ich arbeite, so völlig umstrukturiert wird.

Irgendwie waren meine Aufenthalte in *Okazaki* auch immer Fluchten, dachte ich bei mir. Fluchten, in denen ich das komplizierte Muster meiner eigenen Tätigkeit auf das Wesentliche konzentrieren konnte – was natürlich auch die Messungen mit einschloß, zu denen ich in Dortmund einfach nicht mehr kam. Wo ich mich immer mehr mit organisatorischen Belangen beschäftigen mußte, die mir außerdem erheblich an die eigene Substanz gingen.

Aber lange würde ich die Kooperation mit *Okazaki* nicht mehr weiter führen können. Yasu hatte jetzt noch etwa zwei Jahre aktiver Tätigkeit vor sich. Für die Zeit danach war er dann auf das Wohlwollen seines eigenen Nachfolgers angewiesen, eine Situation, die für ihn nicht einfach werden wird. Und für mich wurden die Aufenthalte eben auch immer schwieriger. Wie sollten wir unsere Kollaboration weiterführen? Beide hielten wir sie für bedeutend, weit über den bloßen experimentellen Bereich hinaus. Denn es war auch die Freundschaft zwischen unseren Völkern, die uns wichtig war.

Japan hat mich sehr verändert, wie ich finde, insgesamt acht Monate habe ich jetzt schon dort gelebt und gearbeitet. Und ich habe dieses Land lieben gelernt, ebenso wie seine Bewohner – wobei mir diese allerdings manchmal auch ziemlich auf die Nerven gehen. Aber ich glaube einiges von dem verstanden zu haben, was Japan wirklich ist.

Japan ist ein völlig anderer Planet, das habe ich schon sehr früh von mir gegeben. Und was nehme ich diesmal von dort mit? Daß wir in Deutschland vielleicht etwas zufriedener sein sollten – mit dem was wir sind und was wir uns erarbeitet haben. So wie die Japaner es uns vorleben, ohne ewige Nörgelei und mit der Fähigkeit zur Freude. Und vor allem, daß wir nicht immer nur nach Gemeinsamkeiten suchen sollten, sondern gerade nach dem Fremden. Denn darin liegt der große Reichtum unserer Welt.

Danksagung

Ich danke der „Japanese Society for the Promotion of Sciences (JSPS)“ und der „Deutschen Forschungsgemeinschaft (DFG)“ für die Finanzierung des wissenschaftlichen Parts meiner Japan-Reisen und den wechselnden Direktoren der Abteilung II am Dortmunder Max-Planck-Institut für die Möglichkeit, diese auch durchführen zu können. Mein sehr herzlicher Dank gilt außerdem Prof. Dr. Yasunobu Okada, Direktor der Abteilung „Cellular Physiology“ am „National Institute of Physiological Sciences (NIPS)“ zu Okazaki für seine Freundschaft und die herzliche Aufnahme in seinem Labor. Bedanken möchte ich mich auch bei allen seinen Mitarbeitern/-innen für die tatkräftige Unterstützung unserer Projekte, insbesondere bei Dr. Tomohiro Numata, Dr. Takahiro Shimizu, Prof. Dr. Ravshan Sabirov und Mrs. Tomomi Okayasu.

Sehr dankbar bin ich vielen Freunden und Bekannten für ihre Kommentare zu diesem meinem Erstlings-Werk in prosaischer Form und für die Ermutigung, diese Seite meines Inneren auch tatsächlich zum Klingen zu bringen. In alphabetischer Reihenfolge möchte ich nennen:

Prof. Dr. Wolfgang Clauss, Gießen
Elke und Volker Geiler, Dortmund
Jutta und Martin Luig, Menden
Hannelore und Egon Mägdefessel, Dortmund
Brigitte und Prof. Dr. Reinhold Necker, Witten
Dr. Hartwig Nürnberger, Dortmund
Helga und Wilhelm Tebbe, Dortmund
Barbara Wapniewski, Dortmund
Sarah Wehner, Aachen

Mein ganz besonderer Dank gebührt meiner lieben Ehefrau Daniela Mägdefessel für ihre Assistenz aber auch für die steten Ermutigungen, ohne die unsere Welt von diesem Machwerk wohl verschont geblieben wäre.

Glossar

Asahi	wrtl: Morgensonne; bekannte jap. Biermarke
ashita	morgen, am nächsten Tag
Benten-dô	achteckiger Tempel auf einer kleinen Insel im Ueno-Park, Tôkyô
chikatetsu	U-Bahn
Coulter Counter	Gerät, das Zellen in Suspension ihrer Größe nach sortiert (hervorragend geeignet für Messungen des Zellvolumens)
Daisho-in	Daisho-in ist ein ehrwürdiger buddhistischer Tempel, gebaut am Fuß des heiligen Berges Misen auf der Insel Miyajima. Während der Zeit der Verschmelzung von Shintoismus und Buddhismus leitete dieser Tempel alle Priester in Miyajima und war für die religiösen Zeremonien im Itsukushima-Schrein verantwortlich. Seine großzügigen Anlagen bieten eine wunderbare Aussicht und sind mit zahlreichen buddhistischen Statuen geschmückt.
dashi	geschmückter Festwagen
dengaku	dickflüssige Sauce auf Misobasis
ebi furai	frittierte Riesen-Garnelen
Elektrophysiologie	Teilgebiet der Physiologie, das sich mit den elektrischen Prozessen an Zellmembranen befaßt (z.B. Ionen-Kanälen)
Elektrolyte	Salze, die in wäßriger Lösung in Kationen (positiv) und Anionen (negativ) dissoziieren
Entropie	thermodynamischer Begriff für die Unordnung in einem System
fugu	Kugelfisch
fuji-san	Fuji-yama (kegelförmiger Vulkan auf Honshû, im Südwesten der Ebene von Tôkyô, mit 3776 m ü.M. höchster Berg Japans)
Furankufuruto	Frankfurt am Main
futon	japanisches Bettzeug
futsû	Bummelzug
gaijin	Ausländer
geta	japanische Holzsandale
Godzilla (jap.: gojira)	Monster der gleichnamigen Science-Fiction-Filme; von „Gorilla" und jap. „kujira" = Wal

Glas-Mikroelektrode	Miniatur-Pipette, von speziellen „pullern“ in der Hitze ausgezogen und mit Elektrolyt-Lösung gefüllt
hashi	Eßstäbchen
HeLa-Zellen	humane Tumor-Zellinie, die sich von einem Gebärmutterhals-Karzinom ableitet
higashi (Okazaki)	Osten (von Okazaki); hier: Ostbahnhof
hôba	Magnolie
hoko	(wrtl. Lanzen); hier: geschmückte Festwagen, auf denen Hellebarden in überdimensionaler Form nachgebildet sind. Diese Hellebarden sollen schon in der ursprünglichen Zeremonie zur Abwehr der Seuche eingesetzt worden sein. Im Gion matsuri von Kyôto gibt es davon 7. Die hoko wiegen etwa 12 Tonnen und haben eine Höhe von 25 m bis zur Spitze und etwa 8 m bis zum Dach. Der Durchmesser der Räder beträgt 1,90 m. 30-40 Leute sind während der Prozession damit beschäftigt, den Wagen zu ziehen, 4 sitzen auf dem Dach und achten auf Stromleitungen und dergleichen.
hontô ni	Wirklich, tatsächlich?
hotate	Kammuschel
ikebana	Blumenstecken; japanisches Blumengesteck
irasshaimase	Herzlich willkommen!
Ise-Daijingû	wrtl. (Groß)schrein(e) von Ise; gilt im Schrein-Shintô als das höchste Heiligtum Japans
Itsukushima-Schrein	berühmter Shintô-Schrein, im Wasser stehend und zum roten Torii von Miyajima gehörig
jôzu	geschickt, Kompliment
kabuki	Kabuki-Theater: Anfang des 17. Jhd. aus Musik, Schauspiel und Tanz entwickeltes Theater-Genre, das anfänglich z. T. recht drastisch und in übersteigertem Stil seine Themen dem Samurai- und Großstadtleben entnahm
kamameshi	Gericht, bei dem Reis mit den anderen Zutaten zusammen in einem kleinen Topf gedämpft wird
kangen-Instrumente	Blas- und Saiteninstrument
Kangensai matsuri	Kangensai (Musikfest) des ltsukushima Schreines auf Miyajima
kanji	Sinojap. Schriftzeichen
kapazitiver Strom	Strom, der für das Umladen einer Zellmembran auf ein bestimmtes Potential nötig ist

karaoke	beliebte Freizeitbeschäftigung besonders in Asien, bei der Amateursänger zur Musik bekannter Titel singen
karatsuyu	trockene Regenzeit (meterol.)
katakana	eine der beiden jap. Silbenschriften
katana	jap. Langschwert
kôban	jap. Miniatur-Polizeiwache
maguro	Thunfisch
maki	Rolle; hier: gesäuerter Reis um eine Scheibe Gurke oder Thunfisch in getrocknete Algen gewickelt
Makudonarudo	McDonald´s (Fast-Food-Restaurantkette)
mamonaku	sofort, bald
mamonaku Kyôto desu	nächster Halt: Kyôto
Manipulator	feinmechanisches (elektrisches) Gerät, das eine grobe Motorik (z.B. der Hand) in eine mikroskopisch feine Bewegung umsetzt
matsuri	Feier, Schrein- oder Tempelfest
Mikro-Liter	ein tausendstel Milli-Liter
minshuku	Familienpension
miso	Paste aus vergorenen Sojabohnen
nozomi	Superschnellzug der Tôkai-Linie des Shinkansen; wrtl: Wunsch, Sehnsucht
o furo	heißes Becken in einem jap. Bad
o hayô gozaimasu	Guten Morgen!
okonomiyaki	Art Pfannkuchen, dessen Teig mit beliebigen Zutaten wie Fisch, Fleisch, Gemüse etc. ergänzt werden kann
Osmolyte	Alle gelösten und osmotisch wirksamen Substanzen. Hierzu gehören Elektrolyte aber auch Stoffe, die in Wasser nicht dissoziieren, wie z.B. Zucker und Aminosäuren.
osmotischer Stress	Veränderungen des Zellvolumens infolge Osmose, also durch osmotische Wasserbewegungen, wie sie durch eine Ungleichverteilung von Osmolyten über der Zellmembran auftreten
pachinko	mit Flipperautomaten verwandte Spielautomaten
Physiologie	Lehre der Funktionsweise von Zellen, Organen und Organismen
rikishi	Sumô-Ringer
ryokan	Hotel im jap.-traditionellen Stil
saba	Makrele
sake	japanischer Reiswein (Alkoholgehalt 12 bis 16 %)

samurai	Krieger (ursprüngl.: Dienender); im feudalen Japan das bewaffnete Begleitpersonal des Adels, später die Angehörigen des Kriegerstandes; vom 13. Jhd. an Bez. der Vasallen eines Lehnfürsten)
san	Anhängsel an den Namen; „Herr, Frau, Fräulein“
sanma	Makrelenhecht
sanpuru	aus dem Engl. „sample“
sara	Teller, Schüssel, Schale
salada	Salat
sashimi	in Scheiben geschnittener roher Fisch
sensei	Lehrer/in
Setonaikai	Seto-Inlandsee, ein Binnenmeer, das die japanischen Inseln Honshû, Shikoku und Kyûshû voneinander trennt
shabushabu	hauchdünn geschnittenes Rindfleisch; wird gekocht, indem es mit den Stäbchen in siedende Konbu-Brühe getaucht wird; das Zischen, beim Eintauchen des Fleisches in die Brühe, hört sich für japanische Ohren wie „shabushabu“ an
Shingon-Buddhismus	Shingon-shū (wrtl: Schule des wahren Wortes) ist eine von Kûkai im Jahr 807 gegründete Schule des japanischen Buddhismus. Diese Form des Buddhismus ist in Japan zusammen mit Tendai allgemein als Mikkyo bekannt, was „geheime Lehre“ oder „geheimer Buddhismus“ bedeutet. Man spricht daher auch vom „esoterischen Buddhismus“.
Shinkansen	japanischer Hochgeschwindigkeitszug
Shôgun	urspr. ein im 8. Jhd. erstmals verliehener militär. Titel für den Oberbefehlshaber der Truppen im Kampf mit den Ainu; dann erblicher Titel des Kronfeldherrn, der von 1192 bis 1867 anstelle des machtlosen Kaisers regierte
Signifikanz	statistisches Maß für tatsächliche Unterschiede zwischen zwei oder mehr Stichproben
sugoi	toll, großartig, fabelhaft – aber auch – furchtbar, schrecklich
Sumô	jap. Ringkampf höchst gewichtiger Herren
sushi	meist ovale Reisbällchen aus kaltem, gesäuertem Reis, die mit Fisch und/oder Gemüse kunstvoll belegt werden
taiko	jap. Trommel

tatami	Matte aus Reisstroh. Eine Tatami ist 5,5 mm dick, einen Ken lang und einen halben Ken breit (wobei die Länge eines Ken je nach Region zwischen 1,55 und 1,82 m variiert).
tenpura	frittierter Fisch oder frittiertes Gemüse
teriyaki	Marinade aus Sojasauce, Essig, Gewürzen
tôkai-dô	wrtl: östlicher Seeweg; eine der wichtigsten Handelsstraßen des alten Japan; verband Edo (heute Tôkyô) mit Kyôto
Tokugawa Ieyasu	Geb. 31.01.1543 in der Burg Okazaki, gest. 01.06.1616. Begründer des Tokugawa-Shógunats in Japan. Gilt mit Oda Nobunaga und Toyotomi Hideyoshi als einer der „drei großen Einiger" des feudalen Japan. Die Geschichte von Ieyasus Aufstieg ist eine der berühmtesten und beliebtesten in der japanischen Geschichtsschreibung. Sie findet sich auch in dem Roman Shôgun von James Clavell wieder, in dem Ieyasu als fiktiver Shôgun Toranaga porträtiert wird.
torii	wrtl. etwa „Vogelsitz"; Tor vor Shintô-Heiligtümern, gebildet aus zwei senkrechten Holzpfeilern, die durch zwei Querbalken verbunden sind
totemo isogashii	sehr beschäftigt
tsukue	Schreib- oder Eßtisch
tsunami	durch submarine Erdbeben oder Vulkanausbrüche erzeugte Riesenwelle
unagi	Aal
urushi	Japanlack
Wirkungsgrad	Verhältnis von Energie-„output" zu Energie-„input" eines Systems
yakitori	gebratenes Hühnerfleisch auf Spießen
yakuza	Angehörige krimineller Banden in Japan, die das organisierte Verbrechen kontrollieren
yama	wrtl. Berge; hier: geschmückter Festwagen. Im Gion-Matsuri von Kyôto gibt es insgesamt 22. Sie ähneln einer Sänfte und werden (oft) auf den Schultern getragen.
yen	japanische Währung
yukata	leichter Baumwoll-Sommerkimono

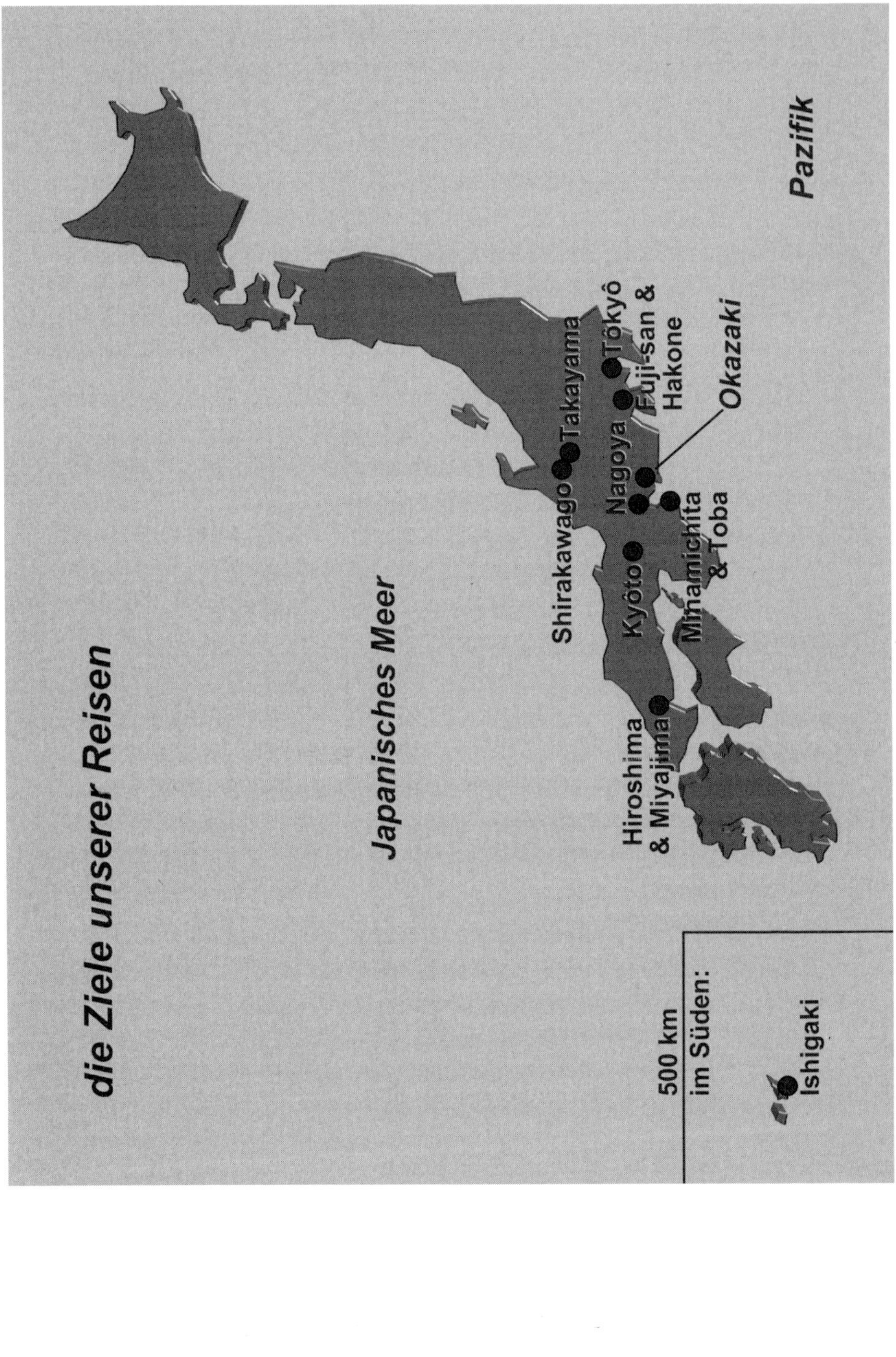
die Ziele unserer Reisen
Japanisches Meer
Pazifik
Hiroshima
& Miyajima
Kyôto
Shirakawago
Takayama
Nagoya
Minamichita
& Toba
Okazaki
Tôkyô
Fuji-san &
Hakone
500 km
im Süden:
Ishigaki